AF501082

EDICTS

# ET REGLEMENS.

## DE TRES-ILLVSTRE ET SERENISSIME PRINCE EMANVEL PHILIBERT,

par la grace de Dieu, Duc de Sauoye, &c.

*ET DES ARRESTS DONNEZ PAR SON souuerain Senat, seant à Chambery.*

SVR LA RELIGION, IVSTICE & politique.

*LIVRE SECOND.*

*A CHAMBERY,*

PAR GEOFFROY DV-FOVR,

*Libraire & Imprimeur de S. A. R.*

M. DC. XLIII.

# ARREST DV SOVVERAIN SENAT, DE SAVOYE.

*CONTENANT INHIBITIONS ET DEFENCES, de chanter chanſons laſſiues & des-honneſtes, contre l'honneur & eſtat des Eccleſiaſtiques, & Religieux.*

MANVEL PHILIBERT, par la grace de Dieu Duc de Sauoye, Prince de Piedmont, &c. A tous ceux qui ces preſentes verront, ſalut. Sçauoir faiſons, que ſur la requeſte verbalement faicte en noſtre Senat de Sauoye, par noſtre bien amé & feal Conſelier, maiſtre Iean Perraton Aduocat general audict Senat, contenant qu'il auoit a faire remonſtrance à noſtredict Senat, dependant de ce qui ſe faiſoit repugnant aux bonnes mœurs : Auſquelles pour nourrir & contenir le peuple, toutes Loix politiques aſſez clairement en parlent, quant il a eſté queſtion de refrener les langues debordées, plaines de maledisances, promptes à iniurier ſans diſcretion des perſonnes. Vrpian Iuriſconſulte tres-prudent & éloquent à dict, celuy eſtre tenu d'action d'iniure, qui eſcrit, propoſe ou chante libel, ou chanſon touchant, & bleſſant l'honneur d'aucun aggrauans l'iniure, eu eſgard au temps, lieu & perſonnnes. Il eſt notoire qu'en cette ville de Chambery, & autres lieux du reſſort, aucuns en plaine ruë, ou l'Artiſant en ſa boutique, chantent aucunes chanſons laſſiues & lubriques, en diffamation des perſonnes Eccleſiaſtiques, d'vn ordre des quatre mendians, & ſi aucun d'iceux Religieux paſſoit par les ruës ou les huchoit, & luy faiſoit-on deriſion, ce que doit eſtre refrené, tant pour le regard du lieu public, des perſonnes, qu'auſſi du temps, qu'eſt assez ( puis quelques années en ça ) mal composé & reglé, & auquel assez facilement, & sans occasion les hommes se rüent non seulement à detracter des gens d'Eglise, par parole & verbale iniure, mais de faict sur leurs personnes & biens, dont les playes en sont fresches. Et pour obuier à telle licence & hardiesse, & à ce qu'vn châcun se cötiene en modestie, auroit requis defences estre faictes à toutes personnes de quelque estat & qualité qu'ils soient, ne chanter chansons sales & lubriques en public ou priué, mesmes contre gens d'Eglise & Religieux, sur peine corporelle du foüet, & cinq cens liures, que les peres pour leurs enfans, les maistres pour leurs seruiteurs, en demeurent responsables, & qu'il fût publié par tout.

Nostredict Senat par son Arrest, du iour & datte des presentes, faisant droict à la remonstrance de nostre amé & feal Procureur general, a faict inhibitions & defences à toutes personnes, de quelque estat ou qualité q'uils soient, de chanter chansons lasciues & des-honnestes, contre l'honneur & estat des Ecclesiastiques & Religieux, à peine de cinq cens liures, & du foüet, à l'arbitration de nostredit Senat: & ordonne pour contenir mieux les personnes, que les peres de famille seront responsables pour leur enfans, & les maistres pour leurs seruiteurs, & à ce qu'aucun n'en pretende cause d'ignorance, que le present Arrest sera publié ce iourd'huy, à son de trompe, par nostre ville de Chambery, & par les villes & lieux de tout le ressort de nostredict Senat: Et enioinct aux Iuges & Officiers y tenir main, à peine de s'en prendre à eux, en tesmoin dequoy, nous auons faict mettre nostre seel à cesdictes presentes. Donné à Chambery, en nostredict Senat, & prononcé en Audience, le 24. May, 1567.

*Ledict iour le present Arrest a esté publié par les carrefours de cette ville de Chambery, à son de trompe, par Hamard, Huissier dudict Senat.*

Hamard.

---

## *DE NE METTRE PRODVCTION asssertiue.*

PAr Arrest du 12. Auril, 1567. vn Greffier du Baillage de Beugeys, pour auoir escrit, qu'vne partie a produict certain plaidé, ſans que tel plaidé ſoit eſté fourny, & remis réellement, a eſté condamné en dix liures d'amende. Et inhibé à luy, & tous autres, ne faire ſamblables actes. l'Anglois.

*DEFENCES DE NE VENIR PLAIDER SVR fins declinatoires, qu'on n'en vienne par meſme moyen preſt à toutes fins.*

LE Senat, par Arreſt du 11. Iuillet, 1567. a faict inhibitions & defences, à tous Aduocats, poſtulans au Senat, de ne venir d'oreſnauant playder, ſur fins declinatoires, qu'ils n'en viennent par meſme moyen preſt à toutes fins. l'Anglois.

*QVE LES IEVNES PROCVREVRS FERONT place aux anciens, ſelon l'ordre, & obſeruent modeſtie.*

LE Senat, par Arreſt du 6. Septembre, 1567. a enjoinct à tous Procureurs, d'obſeruer modeſtie, & les plus ieunes, faire place aux plus anciens, ſelon l'ordre de leurs receptions, a peine de l'amende. l'Anglois.

*DEFENCE AVX PROCVREVRS, DE FAIRE griefs, reſponces à griefs contredicts, ſaluations, & reproches, ny requeſtes libellées, fors és actions perſonnelles.*

PAr Arreſt du Senat, du 8. Nouembre, 1567. eſt defendu aux Procureurs poſtulans en iceluy, & en tous autres lieux de ce reſſort, faire requeſtes, par leſquelles ſera fondé action fors és actions perſonnelles. Et ne faire griefs, reſponces à griefs contredicts, ſaluations & reproches, ſur peine de nullité, & reſpondre de tous deſpens dommaiges & intereſts des parties, & de priuation de leurs offices. l'Anglois.

*LES PROCVREVRS, FAISANS LEVRS PREſentations, declareront le lieu des domicilles de leurs parties, & les Notaires insereront és procurations leſdicts domicilles & habitations.*

LE Senat a ordonné que d'oreſnauant tous Procureurs, poſtulans en iceluy, en faiſant leurs preſentations au Greffe, ſeront tenus declarer dans l'acte de presentation, le lieu du domicille & habitation des parties, pour lesquelles ils se presenteront, autrement & à faute de ce faire, ou se trouueroit que par faute de ladicte expression & declaration, l'exacteur des peines & amendes, adiugées à son Altesse, ne sceut à qui recourir pour l'exaction susdicte, il s'adressera aux Procureurs d'icelles parties, lesquels seront tenus payer lesdictes peines & amendes, sauf leurs recours contre leurs principaux: Et si a faict injonction & commandement à tous Notaires de ce ressort, de mettre aux procurations qu'ils receuront le lieu des demeurances des constituans, pour lesquels ils receuront telles procurations, à peine de cent liures pour vn châcun, & de tous despens dommaiges, & interests des parties. Donné à Chambery, le 13. du mois de Ianuier, 1568.

l'Anglois.

*TOVS PROCVREVRS, ALLEGANS EN AVdience appoinctement, ou conuentions, seront tenus les auoir en main.*

LE Senat a faict inhibitions & defences, à tous Procureurs postulans en iceluy, de ne d'oresnauant alleguer en Audience aucuns appoinctemens, actes, ou conuentions passez & accordez au Parquet, ou au Greffe, sans les auoir en main, sur peine de suspension de leurs offices pour vn an, ou autre arbitraire. Enjoinct au Greffier d'iceux actes & appoinctemens, expedier promptement, & tenir main que les Clers & Actuaires dudict Greffe, les expedient diligemment, sur peine d'estre priuez de plus escrire audict Greffe. Faict à Chambery au Senat, & prononcé en Audience, le 24. iour du mois de Ianuier, 1568. l'Anglois.

*NE POVRRONT ESTRE ADIOINCTS AVTRES que graduez, auec les Presidens & Senateurs.*

LE Senat par Arrest a dit & declaré, qu'auec les Presidens, ou Senateurs, ne pourront assister adjoincts, qui ne soient graduez, ou des Secretaires de son Altesse. Faict à Chambery au Senat, & prononcé en Audience, le Samedy 15. May, 1568.

l'Anglois.

*LES APPELLATIONS DES PROCEDVRES, & interlocutoires des Seigneurs Senateurs, seront introduictes au Senat sur requestes, & les parties aßignées à venir plaider icelles appellations au premier iour, sans qu'il soit besoin icelles releuer.*

LE Senat, voyant les abus qui se commettent iournellement, tant par les Procureurs, que parties, qui ne cherchent que fuittes, lesquelles à tous propos pour faire tromper les parties aduerses, appellent des ordonnances, appoinctemens & procedures non diffinitiues, des Senateurs de ceans, executeurs des Arrests, ou deputez, pour ouyr & regler les parties, ou executer autres charges & commissions, qui leur sont baillées par le Senat. Et au bout de dix iours renonçent à leurs appels: Voulans donques obuier à telles fuittes, a declaré & declare, que d'oresnauant, quand quelqu'vn aura appellé desdictes procedures non diffinitiues par aucun des Senateurs de ceans, en la presente ville, le Procureur de l'appellant sera tenu à la prochaine Audience lors suiuante, presenter au Senat son attiquette, pour estre la cause d'appel playdée. Et lors seront telles appellations tenuës pour bien & deuëmēt releuées, sans qu'il soit debesoin en prendre lettres de reliefs d'appel, n'y icelles inthimer aux parties appellées, lesquelles neātmoins sans autres inthimations, seront tenuës en tenir prestes audict iour: & a faute que ledict Procureur de l'appellant ne presenteroit à ladicte premiere Audience lors suiuante, ladicte attiquette pour playder ledict appel, ledict Senat a declaré & declare, que telles appellations seront tenuës pour desertes, & ledict Procureur de l'appellant condamné en l'amende & aux despens dōmages & interests, en son propre & priué nom. Faict à Chambery au Senat, & prononcé en Audience, le 22. iour du mois de may, 1568.

l'Anglois.

*DEFENCES DE NE CHASSER, PENDANT le temps que les fruicts seront pendans.*

SVr la remonstrance iudiciellement faicte par M. Iean Perraton Aduocat general, contenant que Cicero, aux Offices, bien proprement dit. *Tritum sermone prouerbium summum ius, summa iniuria*, estre pour la malice & maligne interpretation des hommes, le plus souuent corrompu, & mal entendu, donne exemple de celuy. *Qui cum centum triginta dierum essent pacta induciæ, noctu populabatur agros, ipse ille interpretabatur dierum non noctium quod essent pacta induciæ:* Cela dit, venir à son propos, que sus doleances frequentes au Senat, contre ceux qui vendengeroient auant la maturité leurs vignes, que aux vignes des autres desroboient raisins, eschalats, paisseaux, & autrement endommageoient icelles, & autres terres & possessions, ayant leurs fruicts pendans, mettoient & abandonnoient leurs cheuaux & bestail. Le Senat y pourueu bien sainctement par son Arrest du 26. Aoust, 1559. sur semblable remonstrance est aduenu ces iours plaincte nouuelle cõtre certains seruiteurs d'vn gentil-homme, qui neantmoins les a desaduoüez, & qui sont entres en vne vigne aux Charmettes, outre le gré du proprietaire, coupé la haye, chassé auec ses Leuriers & Chiens, au Lieure & Leuraux, de sorte que grande quantité de ieunes rameaux des prouins, chargez de raisins ont esté apportez, & veu au Bureau: ce qui ne doit estre tolleré; Ains tres-bien châtié, car puis ladicte plaincte autres infinies & de toutes pars de ce ressort ont esté faictes: Et semble que tels chasseurs se sont promis impunité parce que par ledict Arrest cette chasse n'est deffenduë, comme si par identité de raison en puisse autrement interpreter la defence de n'endommager les vignes & possessions, aussi bien l'eust couché par escrit & ordonné le Senat, si lors on eut faict telle doleance. Licurgus par ses Loix n'establit aucune peine contre les parricides, estimant qu'il ne se trouueroit homme si inhumain de faire tel acte, & mettre sa main senglante à son pere & mere, aussi le Senat a pensé que soubs ladicte qualité, cette & autres semblables especes soient comprises, joinct que cette raison naturelle de ne mefaire à son prochain, doit retirer vn châcun en ce temps, mesmes de la naissance des fruicts, & que la defence des proprietaires de ne chasser, est suffisante, comme dit le Iurisconsulte Calistratus, en la Loy. *diuus ff. de seruitu rustico prædio.* Et pour euiter à l'aduenir semblables dangers & dommages irreparables, a requis que defences soient faictes à tous gentil-hommes, leurs seruiteurs, & autres, ne chasser aux vignes, champs, prez & possessions, du temps que les fruicts seront pendans par racine: a peine quant aux gentil-hommes de mil liures, seruiteurs de cinq cens liures, maistres responsables, & de les representer à Iustice pour estre foüetes, & enuoyez aux Galere. Et que l'Arrest sera par tout ce ressort publié, à ce que nul n'en pretende cause d'ignorance.

*Le Senat en interinant la requeste iudiciellement faicte par le Procureur general, a faict inhibitions & defences à tous gentil-hommes, & autres, de quelque estat, & qualité qu'ils soient, de ne chasser, n'y faire chasser par les terres, vignes, & autres possessions, durant le temps que les fruicts seront pendans, a peine de cinq cens liures cõtre les soluables, & contre les seruiteurs du foüet & de la Galere: Declarant ledict Senat, que les maistres seront tenus representer leurs seruiteurs à Iustice, a peine de cinq cens liures. Et au surplus ordonne que le present Arrest sera leu, par tous les lieux de ce ressort, à fin que personne n'en pretende ignorance. Faict à Chambery audict Senat, & prononcé en Audience, ce Samedy 22. May, 1568.* l'Anglois.

---

*MONITOIRE NE DOIT ESTRE IMPETRÉ, ny publié, pour choses qui seront ou auront esté en litige, sans permission du Iuge de la cause, qui en sera saisi, ou l'aura decidé, & si le Senat en a conneu ou en est saisi, autre que luy n'en peut donner permission.*

LE Senat, par son Arrest du Mecredy 16. iour de Iuin, 1568. a faict inhibitions & defences à toutes personnes, a peine de cinq cens liures contre vn châcun, de ne impetrer, n'y faire publier Monitoire, pour raison des choses dont il y a procez, ou bien faite mention de procez, sans la permission des Iuges, pardeuant lesquels tels procez sont pendans, ou par leur auctorité decidez, & n'obtenir permission des Iuges, quand le Senat est saisi de la matiere, ou bien la où est parlé des procez, qui ont estez intentez, ou decidez pardeuant ledict Senat. Et pareillement a inhibé aux Iuges, de ne s'entremettre d'octroyer en tel cas ladicte permission, sur semblable peine de cent liures pour vn châcun, & de suspension ou priuation de leurs Offices.

l'Anglois.

## DEFENCES DE NE PRESENTER *attiquettes, des causes qui sont au roolle.*

PAr Arrest du 21. Feurier, 1568. & 26 Mars, 1569. Et 12. Aoust, 1570. Sont faictes inhibitions & defences à tous Procureurs, & Solliciteurs, ne presenter requeste, pour auoir Audience, dés que la cause sera mise au roolle, a peine de dix liures. *Poncet.*

## DE NE METTRE CAVSES AV ROOLLE, *qu'il n'aye esté conuenu icelle estre vuidable, & communication aye esté faicte, au prealable respectiuement.*

LE Senat, par Arrests du 16. Iuillet, 1569. Et le 15. Nouembre audict an, 27. Iuin, & 4. Nouembre, 1570. A defendu aux Procureurs & leurs substituez, de mettre cause au roolle, que au prealable ils n'ayent conuenu qu'elles soient vuidables en Audience & qu'ils ne soient communiquez respectiuement, à la forme du stil, a peine de l'amende.

Et par autre Arrest, du 15. Ianuier, 1572. leur est defendu mettre cause au roolle, qu'ils n'ayent conuenu de leurs faicts, & la cause estre vuidable, a peine d'estre rayez de la matricule.

*Poncet.*

## INVENTAIRES DES BIENS PVPILAIRES, *pourront estre faicts par Notaires Ducaux, & semblablement les actes des criées & encheres, qui seront faictes pour assencer les biens des Pupils & mineurs.*

LE Senat, par son Arrest du 29. Nouembre, 1569. a declaré qu'il est permis à tous tuteurs & curateurs, d'eslire tels Notaires Ducaux, que bon leur semblera, pour proceder à la confection des inuentaires des biens de leurs pupils & mineurs, desquels iceux tuteurs & curateurs demeureront chargez. Et à faute d'auoir faict les inuentaires à la forme du droict, sera procedé contre eux, par les Iuges ordinaires: Et sont faictes inhibitions & defences aux Officiers, de n'empescher iceux Notaires, à la confection desdicts inuentaires. Et pareillement permis & permet ausdicts tuteurs & curateurs des mineurs, quand ils voudront faire re les assencemens des biens pupilaires, ou des mineurs, par criées & encheres, de prendre aussi & eslire tels Notaires, que bon leur semblera, pour receuoir les actes de tels encans & assencemens. Faisant aussi inhibitions & defences ausdicts Officiers, de ne les empescher. Et quant à toutes autres subastations qui seront faictes en execution des choses iugées, ou par commission des Iuges & Magistrats, lettres Ducaux, ou autres mandemens de Iustice, ordonne ledict Senat qu'elles seront faictes selon la forme du statut, en la Court de la Chastellenie du lieu, suiuant lesdictes commissions & mandemens, & enregistrez par les Greffiers ou Curial du lieu, és registres d'icelles Chastellenies : faisans inhibitions & defences à tous Notaires, de ne s'en ingerer & n'empescher lesdicts Officiers, à receuoir & enregistrer les actions d'icelles subastations qui seront faictes comme dit est, par commission.

*Poncet.*

## *LES ACTVAIRES EXERCERONT leurs charges en personne.*

LE Senat par son Arrest, prononcé en Audience le 22. Nouembre, 1569. a enjoinct aux Actuaires, seruant au Greffe audit Senat., d'exercer leurs charges en personne, autrement & à faute de ce faire, a declaré, que les registres leurs seront ostez, sauf s'ils estoient licenciez par les Greffiers.

*Poncet.*

## *LES COMMISSIONS QVI NE SERONT DEcrettées, ou ordonnées, & distribuées, pendant la seance du Senat, és matieres ciuiles, sont declarées nulles, & les procedures aussi.*

LE Senat par son Arrest, du 8. Auril 1570. a ordonné, que aduenant le temps de vacations & feries ordinaires, à sçauoir deux iours au parauant la closture du Senat, les parties qui auront à faire enquestes ou informations, veuës de lieux, ou executions d'Arrests, ou bien leurs Procureurs seront tenus bailler par declaration, les qualitez desdictes enquestes, informations, veuës des lieux, ou executions d'Arrests à faire & en remettre les billets, ou enqueftes à ces fins pardeuers le Greffe du Senat. Et ce toutesfois apres que les faicts fur lefquels conuiendra faire enquefte,feront eftez conteftez & ouy auparauant,pour par le Greffier du Senat eftre lefdictes qualitez , enregiftrées au regiftre des diftributions , & en apres eftre diftribuez , & les Commiffaires nommez par le Prefident,ou par celuy qui prefidera en fon abfence,à la forme du reglement , auant ladicte clofture du Senat , autrement à faute de ce faire , ne fera loifible les faire diftribüer , ny de faire pouruoir de Commiffaire. Et ou apres ladicte clofture du Senat, par importunité ou autrement,feroit faicte nomination de Commiffaire,& decretez aucune defdictes commiffions. Le Senat a declaré telles commiffions nulles, enfemble les procedures, qui en vertu d'icelles feront faictes : Le tout pour le regard des caufes ciuiles tant feulement, & fauf à pouruoir pour le regard des matieres criminelles , felon les occurrences,& fuiuant l'Edict fur ce faict par fon Alteffe.

*Poncet.*

## *DEFENCES AVX IVGES , GREFFIERS, Chaftellains , & Curiaux du reffort , de ne prendre des accufez , émolument de leurs refponces , auant les fentences, & condemnations.*

LE Senat , faifant droict fur la requefte & remonftrance , fur ce verbalement faicte par l'Auocat general , a faict inhibitions & defences à tous Iuges , Greffiers,Chaftelains,& Curiaux de ce reffort,de ne prendre ny exiger des preuenus aucuns émolumens, pour raifon des refponces,qu'ils feront entre leurs mains,iufques apres fentence diffinitiue,& lors qu'ils feront condamnez,& n'auront appellé de telle fentence,ou que s'ils en ont appellé,elle foit efté confirmée. Et ce à peine de cinq cens liures,& d'eftre châtiez comme concuffionnaires : Leur font auffi faictes inhibitions & defences foubs femblable peine,de ne former aucuns procez criminels, *ex officio*, contre la forme du ftatut & reglement de ceãs, ains que où il écherra de proceder, *ex officio* , à la formalité de quelques procez criminels , ils s'adreffent premierement par information,laquelle foit decretée par le Iuge,au prealable que d'y faire autre procedure d'office. Et eft enjoinct au Procureur general

ral faire publier les presentes inhibitions, par tous les sieges de ce ressort. Faict à Chambery au Senat, & prononcé en Audience, le 11. iour du mois d'Auril, 1570.

*Collation faicte.* *Poncet.*

---

*QVE LES CAVSES NON PLAIDEES, QVI seront rayées sur le roolle, seront appellées, sinon qu'il apparoisse du seing de celuy qui les aura rayées.*

LE Senat, pour obuier à la malice de plusieurs, qui ayans communicatiõ du roolle, ils rayent secretement les causes, qu'ils ne veulent estre appellées, a ordonné par son Arrest, du 27. May, 1570. que toutes les causes, qui secretement au roolle, non encores appellées, encores qu'elles soient rayées, seront appellées, nonobstant la rayeure. Enjoignant à l'Huissier de ce faire, sinon qu'ils luy apparoisse en marge, par qui seront estez faictes les rayeures, & que celuy qui les a faictes y soit signé. *Poncet.*

*NVL ADVOCAT SERA EXCVSE PAR maladie, s'il n'y a aduis du Medecin.*

LE Senat, pour obuier à aucunes fraudes, desquelles il s'est apperceu touchant les excusation, que font les Aduocats sur leurs maladies, pour ne venir plaider les causes desquelles ils ont charge, a declaré par Arrest du 15. Iuillet, 1570. que nul Aduocat sera receu à excusation de maladie, s'il ny a aduis du Medecin.

*Poncet.*

*LES GREFFIERS, ET ACTVAIRES DES Baillages, & Iudicatures subalternes, nommeront en tous les appoinctemens, les Procureurs, auec lesquels seront passez lesdicts appoinctemens.*

LE Senat, par Arrest du 12. Aoust, 1570. pour obuier aux abus qui se commettent iournellemẽt par les Greffiers & Actuaires, des Baillages & iudicatures subalternes, & autres, qui se meslent de receuoir & enregistrer les appoinctemens des procez, leur a faict inhibitions & defences de d'oresnauant dresser ny expe-

 dier

dier nul appoinctement, que dans iceluy ne soit nommé les Procureurs, auec lesquels seront tels appoinctemens passez, sur peine de faux, & d'autre amende arbitraire. *Poncet.*

*DE N'ATRIBVER LE TILTRE DE NOBLE, sinon à ceux qui le sont notoirement, & le tiltre de Messire, sinon aux Marquis, Comtes & Cheualiers.*

LE Senat, pour obuier aux abus, qui se commettent iournellement, sur l'attribution des tiltres, & qualitez de Nobles, Damoiselles, & Messire, a faict inhibitions & defences à tous Notaires, Greffiers, & autres personnes publiques, de mettre en leurs contracts, actes, & escritures, ledict tiltre, & qualité de Noble, ou Damoiselle, sinon aux personnes qui seront notoirement tenus pour Nobles, ny leur attribuër la qualité de Messire s'ils ne sont Marquis, Comtes, ou Cheualiers, ains seulement les appelleront en leurs qualitez nobles, ou s'ils sont Barons ou Banneretz, Seigneurs. Aussi defend à tous, ne s'attribuër lesdicts tiltres & qualitez respectiuement, s'ils ne les ont de race, ou par priuilege, à peine de faux. Defendant aux Procureurs, de donner les qualitez que dessus, en leurs artiquettes, sinon aux personnes qualifiés, suiuant le present Arrest. A peine de cent sols forts d'amende, & autre arbitraire. Faict à Chambery au Senat, & prononcé en Audience, le dernier iour du mois d'Aoust, 1570. *Poncet.*

*LES CHASTELAINS, GEOLIERS, ET AVTRES Officiers, ne prendront rien des parties qui seront menées en prison, pour seulement estre ouyes, ou leur estre prononcé leur sentence, si apres ladicte audition ou prononciation de sentence, ils sont par les Iuges ou Commissaires, ramenez hors la prison.*

LE Senat, par son Arrest du 27. Mars, 1571. a faict inhibitiõs & defences à tous Chastelains, Concierges, Geolliers, & autres Officiers de ce ressort, n'exiger, ny prendre aucune chose des parties, qui seront menées en la prison, pour estre ouyes, ou leur estre prononcé sentence, & l audition ou prononciation faicte, ᵭe, eſtre ramenées, ſoit pour icelle audition, ou prononciation de ſentence. Sauf ſi les Iuges ou Commiſſaires les laiſſent aux priſons, ou qu'il ſoit dit par la ſentence qu'ils tiendront priſon leans, & y ſeront laiſſez. *Poncet.*

*DES TAXES DE DESPENS FAVT APPELLER promptement, & croyſer ſur le champ.*

LE Senat par Arreſt, a faiᵭ injonᵭion à tous Procureurs, poſtulans en iceluy, & autres ſieges de ce reſſort, d'obſeruer le reglement & ce faiſant appeller promptement des taxes, deſquelles ils pretendront leurs parties eſtre greuées, & croyſer ſur le champ les articles, deſquels ils ſeront appellans, *aliàs* à faute de ce, ſeront declarez non receuables appellans. Faiᵭ à Chambery au Senat, le 17. Aouſt, 1571. *Poncet.*

*CEVX QVI VOVDRONT ESTRE RECEVZ Procureurs au Senat, & Clers au Greffe d'iceluy, ſeront examinez ſur leur ſuffiſance.*

SVr la requeſte iudiciellement faiᵭe par le Procureur general, à fin de pouruoir à l'inſuffiſance de ceux qui ſe preſentent, pour eſtre receuz Procureurs au Senat, & Clers au Greffe d'iceluy.

Le Senat a ordonné & ordonne, qu'aucun Procureur, ny ſemblablement Cler au Greffe dudiᵭ Senat, ne ſeront par cy-apres receuz, qu'ils ne ſoient examinez, par les Commiſſaires, qui à ce ſeront deputez & trouuez ſuffiſans & capables, ſachans eſcrire, entendre, & parler en lengaige Latin promptement. Et au lieu de ceux, qui ne ſe trouueront ainſi ſuffiſans, en ſeront pourueuz d'autres. Faiᵭ à Chambery, au Senat, & prononcé en Audience publique, le Samedy 3. Nouembre, premier iour d'entrée, apres la Touſſainᵭs, 1571. *Poncet.*

*LES PROCVREVRS NE CONTINVERONT les cauſes ſans permiſſion du Senat.*

LE Senat, par Arreſt du 29. iour du mois de Ianuier, mil cinq cens ſeptante deux, a inhibé aux Procureurs, de continuer les

les causes du roolle,sans permission du Senat,a peine de cinquante liures d'amende. *Collation faicte.* Griller.

## LES IVGES SVBALTERNES, NE PRENdront espices des sentences interlocutoires.

PAr Arrest du Senat, du 26. Auril, & 7. Iuin, 1.572. est inhibé à tous les Iuges de ce ressort, de prendre espices, des sentences interlocutoires : a peine du quadruple, & autre amende arbitraire. Griller.

## DEFENCES DE N'APPORTER LETTRES missiues, ou autres, d'aucuns Princes, & Potentas estrangers, ny faire aucuns exploicts en vertu d'icelles, sans les auoir presentez, & obtenu permission du Senat.

REmonstrant en iugement Maistre Iean Perraton Aduocat general, que les Roys & Princes n'ont rien de plus cher & plus en recommendation, que la conseruation de leurs iurisdictions, comme estant le principal fleuron de leur Couronne. Par là les principautez sont bien regies & gouuernées, les sujects en träquillité, repos & toute obeyssance. Les voisins Princes, ou leurs Magistrats n'eniambent sur les autres. Et comme dit le Iurisconsulte. *Extra territorium iuridicenti impune non paretur*, surquoy sont fondez les *pareatis*, & permissions, requises par les iurisdictions les vnes aux autres : lesquelles en ayde & recours, se doiuent par suffrage ayder, & fraterniser, non toutesfois par confusion, prendre auctorité non requise, ny permise. Remonstre encores, pour auoir veu & tenu en main, certaines missiues, & mandats iudiciaires, decernez & enuoyez par aucuns Seigneurs & Potentas, voisins de son Altesse, portans adiournemens, & certains autres commandemens, executez contre aucuns sujects de ce ressort pour comparoir deuant eux, & autres executions, sans auoir presenté lesdicts mandats, ou missiues, & requis *placet & pareatis* au Senat, ou autrement insinué aux Iuges & Officiers de cette Prouince. Si requiert defences estre faictes, à tous estrangers, n'apporter en ce ressort, ou executer telles lettres ou mandemens, de quel ques Princes ou Potentas qu'ils soient, sans deuëment requerir *placet & pareatis*, à peine de prison, & grosses amendes, à l'arbitration du Senat. Et aux sujects de ce ressort, de ne comparoir pardeuant lesdicts Seigneurs, Princes, & Potentats, & leurs Officiers, & ny obeyr, à peine de confiscation de corps & biens : & que les defences qui seront ordonnées par le Senat, soient par tout ce ressort publiées.

Le Senat faisant droict sur les requisitions, judiciellement faictes, par le Procureur general, a faict inhibitions & defences à toutes personnes, de n'apporter lettres missiues, ou autres, d'aucuns Princes, ou Potentats estrangers, contenans adiournemens ou exploicts en vertu d'icelles, sans les auoir presentées, & obtenu sur icelles permission du Senat, ou des Magistrats de ce ressort, ausquels par priuilege & pouuoir de son Altesse, telle connoissance est attribuée. Et ce à peine de nullité de tels exploicts, lesquels dés-à present, il a declarez nuls & inualides : & contre ceux qui les auront faits, & apportez lesdictes missiues, ou lettres, à peine de prison, & autre amende arbitraire. A faict semblablement inhibitions & defences à toutes personnes, & sujects de ce ressort, de quelque estat, & qualité qu'ils soient, de ne comparoir en personne, ou par Procureur, pardeuāt aucuns desdicts Seigneurs Princes, & Potentats estrangers, par vertu de telles lettres missiues ou autres, qui leur seront baillées ou signifiées, ainsi que dit-est, sans permission du Senat, à peine de dix mil liures, & autre plus grande, s'il est ainsi aduisé.

Et au surplus ordonne, que le present Arrest, sera leu & publié par tous les lieux & sieges de ce ressort, & à ces fins mis à l'Estampe, à fin que nul n'en pretende cause dignorance. Faict à Chambery, audict Senat, & prononcé en Audience, le Mardy 17. iour de Feurier, 1573. Collation faicte. *Trolliouz.*

### *INTERPRETATION DES ARTICLES, 7. 10. & 11. du stile.*

LE Senat, par son Arrest du 22. Ianuier, 1573. declarant & interpretant les articles 7. 10. & 11. du stile, a dit que se presentant les parties, dans les trois iours, apres le iour de l'assigna-



tion

tion escheu, elles seront tenuës pour deuëment presentées Et ne sera donné defaud, contre ceux qui se seront presentez, dans ledict delay. Grillet.

---

*ARREST, PORTANT INHIBITIONS d'achepter vieilles ferrailles, des personnes inconneuz, & louer maisons. à gens inconneuz.*

MAistre Iean Perraton Aduocat general, remonstrant sur ce que plusieurs plainctes & doleances ont esté faictes. Et l'euidence du faict le demonstre, que oysiueté nourrice de peché, c'est l'asseurée retraicte, cause que plusieurs vont mendiant, & s'adonnant plus à mal faire, qu'a bien, iours & nuicts rompans les maisons, & granges, arrachent & emportent serrures, & esparres, ferremens attachees, & happes de fer. L'on voit que sur le Pontneuf, & autres lieux publiques, il ny est demeuré vne seule happe. Tels larrons de Bleds, Vin, & choses susdictes, treuuent leurs achepteurs prests & asseurez: & d'ailleurs les proprietaires & locateurs des maisons, tant en la Ville qu'aux Faubourg, retirent, & louënt chambre & membres, à gens de petite condition, inconneuz, qui ne font autre que mestier de dérober, belistrer, & mendier leur pain, sans vouloir trauailler. Et aussi telle sorte de gens, couppent les arbres fruictiers, Saules, & emportēt les hayes, en partie pour vendre, partie pour se chaufer. Si a requis que inhibitions & defences soient faictes, à tous habitans, à peine du foüet, de la Galere, & autre, à l'arbitration du Senat, de n'achepter Blé, Vin, arbre, bois, happes, & autres denrées, qu'ils n'ayent parfaicte connoissance des vendeurs, de leurs noms, & qualitez: Et à mesme peine, aux Serruriers, Clostriers, & autres de tels mestiers, de n'achepter serrures, esparres ferrailles, & happes, & semblables ferrures. Et enjoint au Iuges mages, leurs lieutenās, officiers Ducaux, mediaux & immediaux, & Scindicts des lieux, de visiter tels Serruriers, & de semblable mestier, pour les representer à Iustice, s'ils se trouuent garnis de tels vieux ferremens, & quinquailleries, à ce qu'ils soient punis, & que leur retraicte ne donne occasion aux larrons: & aussi que les Scindicts des lieux,

par

Par leurs Dizeniers, s'enquierent desdicts proprietaires & locataires, qu'ils loüent lesdictes maisons, à ce qu'ils ayent connoissance de tels personnages oysifs, & vallides mendians, & qui derobent, & versent mal, pour en faire la reuellation & punition, par les officiers. Et que les presentes soient publiées par tous les lieux de ce ressort, & en toutes les iurisdictions.

Le Senat faisant droict sur lesdictes requisitions, & remonstrance quant à ce, a ordonné & ordonne que inhibitions & defences seront faictes, à tous Serruriers, & autres Artisans, & à tous qu'il appartiendra, faisant profession & negociation de fer, que à tous autres, de quel estat & qualité qu'ils soient, d'achepter vieilles serrures, esparres, happes, & autres ferremens, qui seront estez mis en œuure, des personnes qui leurs seront inconnuës; ains incontinẽt qu'elles leurs seront apportées & presentées à vendre, ils ayent à les remettre entre les mains de la Iustice, pour estre reconneuës, & faire reuellation de tels personnages, qui les auront apportées entre les mains du Procureur Fiscal du lieu, pour en faire les poursuittes, qu'il verra estre necessaires, pour la punition de tels delits. A peine contre les contreuenans, d'estre tenus comme larrons, & receptateurs desdicts larrecins: Et entant que concerne les locateurs des maisons, ledict Senat a aussi faict inhibitions & defences à tous manans & habitans, tant de la Ville, que Fauxbourgs, de loger aucuns personnages, qui ne soient conneuz, & leurs loüer maisons ou chambre qu'ils ne soient qualifiez. A peine d'en estre tenu, & responsables des fautes & delicts que les locataires & inconneuz pourroient commettre. Et auant faire droict, sur le surplus des requisitions dudict Aduocat general, a ordonné & ordonne, qu'il les remettra pardeuers le Senat, pour y estre pourueu cõme de raison: & sera le present Arrest, leu & publié, par tous les sieges de ce ressort, gardé & obserué. Enjoignant aux Iuges Ducaux, & autres Officiers, d'y tenir main à fin qu'il ny soit contreuenu, à peine de s'en prendre à eux, & à leur propre & priué nom. Faict à Chambery au Senat, & prononcé en Audience, le Samedy 7. iour du mois de Feurier, 1573.

*Collation faicte.* Griller.

LES

*LES IVGES TIENDRONT LES CAVSES, ET prononceront leurs ſentences & ordonnances*, in loco maiorum. *Et ne retractent ou repetent leurs ſentences, qui ſeront renduës par eſcrit, & pieces veuës, en maniere que ce ſoit. Ny celles qu'ils bailleront ſur le champ en Audience, ſinon à l'inſtant, & encores ſeans au ſiege.*

PAr Arreſt du Senat, du 28. Feurier, 1573. eſt inhibé & defendu à tous Iuges, de prononcer leurs ſentences, ordonnances, & appoinctemens. Ny tenir les cauſes pendantes pardeuant eux, en iuriſdiction contentieuſe, ou iugement contradictoire, en lieux priuez ny ailleurs. *Quam in loco maiorum*, ſuiuant autres precedents Arreſts jà donnez en cas ſemblable. Leur defend auſſi, que quand ils auront donné & prononcé quelque ſentence, ordonnāce & appoinctement (ſi c'eſt ſur le champ) ils n'ayent à les reparer ou retracter, ſinon que ce ſoit au meſme inſtant, & pendant qu'ils ſeront encores ſeans au tribunal, & tenās le ſiege. Et quand à celles qui ſeront donnees pieces veuës, ils n'ayent à les retracter ou reparer, en aucune maniere, apres la prononciation. A peine de cent liures, & de ſuſpention de leurs Offices. Grillet.

*COMMANDEMENT AVX GREFFIERS DE tous Iuges, faire regiſtre des ſentences, & autres actes iudiciaux*

EST enjoinct, à peine de cinq cens liures, par Arreſt du Senat, du 4. Iuin, 1573. aux Greffiers du Baillage de Chablais, & à tous autres de ce reſſort, de faire regiſtre des ſentences, & autres actes neceſſaires, que les Iuges auront renduës & donnees: & inſerer auſdictes ſentences, les actes d'appel ou declaration, lors au temps, lieu, & comme les parties le declarent. Grillet.

*LES NOTAIRES, NE RECEVRONT CONtracts en faueur, ny contre perſonnes inconneuz, ſinon certifiez par les teſmoins qu'ils les feront ſoubſcrire, par les parties & teſmoins le ſachans faire, qu'ils les enregiſtreront. Et ne les reexpedieront ſans auctorité de Iuſtice.*

LE Senat, en enſuiuant le ſtil & reglement de ceans, pour obuier aux frequens, & pullulans abus & fautes qui ſe commettent

tent iournellemẽt par les Notaires, dont en suruiennent plusieurs infinis inconueniens & surprinses, a dit & ordonné, que tous Notaires de ce ressort, d'oresnauant ne receuront aucuns contracts, s'ils ne connoissent les personnes contrahantes, ou qu'ils soient certifiez par les tesmoins, des personnes qui contractent. Et ferõt signer leur schede ou minute ausdictes parties contrahantes & tesmoins, s'ils scauent signer. Et de ce, feront mention expresse par ledict contract, & tous lesquels contracts & actes par eux receuz & stipulez, dans le mois, apres la prononciation d'iceux, suiuant l'ancien statut, reduiront fidellement dans leurs registres & prothocolles, selon l'ordre de leurs datte, priorité & posteriorité. Esquels registres & prothocolles seront inserez, & attachez au long, les minuttes desdicts contracts & actes, qu'ils seront tenus signer au pied de châcun, auec leur datte, & tesmoins, sans vser d'aucunes abreuiations, & trunquer les mots, & clauses y contenuës, par *&c.* n'y autrement, ains les estendre, selon le faict des cõuentions, & intentions desdictes parties. Et sans qu'il leur soit loisible, comme aussi leur est tres-expressement prohibé, de remettre les minuttes desdicts contracts & actes, aux parties contrahantes, ny s'en desaisir, ains seront tenus les garder soigneusemenr riere eux. Leur faisant par mesme moyen, inhibitions & defences, de monstrer, ny communiquer leursdicts registres, liures, & prothocolles, excepté aux contrahans, leurs heritiers & successeurs, & autres. Ausquels de droict lesdicts contracts appartiendroient, ou qu'il fust ordonné par Iustice : à la charge aussi, que les contracts & actes, qu'ils grossoyeront & expedieront ausdictes parties contrahantes ou autres, ayans interest, seront soubcrits & signez de leurs seings & signatures manuelles, ou apres leurs deceds, par ceux qui se trouueront de ce auoir suffisant pouuoir, sans qu'il leur soit permis apres auoir vne fois expedié lesdicts contracts & actes ausdictes parties, leurs heritiers & successeurs, ou autres ayans droict, par apres faire aucune expedition d'iceux, sans qu'il soit au prealable ordonné par Iustice. Le tout comme dessus, a peine de priuation de leurs Offices, de cinq cens liures d'amende, & autre arbitraire, & des dommaiges & interests des parties, & en outre, d'estre punis comme fausaires ceux qui se trouueront auoir failly,

& delinquans par dol éuident & manifeste calomnie. Faict à Chambery, le 6. iour du mois de Iuin, 1573. Griller.

*NE SERONT EXPEDIEZ EXECVTOIRES, POVR les frais & despens, de la poursuite des procez criminels contre les Procureurs d'Offices, ains contre les Seigneurs Marquis, Comtes, Barons, & Banneretz, & sur leurs biens, sinon qu'il soit dit par sentence ou Arrest.*

LE Senat, par Arrest du 23. Iuillet, 1573. faisant droict sur la requeste presentée par les Procureurs d'office, des Seigneurs Comtes, Barons & Banneretz, du Pays de Bresse. Et icelles enterinant, ayant égard aux conclusions du Procureur general a declaré & declare, que par-cy apres ne seront expediées executoires contre aucun Procureur d'office, pour aucuns frais & despens de la poursuitte des procez criminels, qui seront par eux poursuiuis; ains contre les Seigneurs Marquis, Comtes, Barons & Banneretz, & sur leurs biens, sinon entant que par sentence passée, en force de chose iugée, ou par Arrest de ceans soit esté dit & declaré, lesdicts Procureurs d'office estre condamnez ausdicts despens & frais, en leur propre & priué nom. A la charge que lesdicts Procureurs d'offices feront diligence de satisfaire à ce qui leur sera ordonné, pour l'instruction desdicts procez criminels, & de leur diligence rapporteront attestation: a peine de s'en prendre à eux Grillet.

*LES PROCVREVRS NE POVRRONT ESTRE excusez de se trouuer au Parquet, aux iours & heures desinées, sinon que la cause d'empeschement soit esté approuuée par le Senat. Et ne soustiendront les causes estre vuidables en Audience, sans aduis de l'Aduocat, duquel ils rapporteront billet signé.*

LE Senat par Arrest du 4. Aoust, 1573. en interinant la requeste, iudiciellement faicte, par M. Iean Perraton, Conselier de Monseigneur, & son Aduocat general, a faict iteratiue injonction à tous Procureurs postulans en iceluy, qu'ils ayent à se trouuer en personne au Parquet, aux iours & heures designées à tenir les causes, sinon qu'ils soient empeschez par maladie, ou autre empeschement legitime, qui sera approuué par le Senat. Auquel cas ils feront venir substituez suffisans, deuëment instruicts, & ayans memoires & instructions suffisantes. A peine de cent liures pour vn châcun, & d'estre rayez de la matricule. Leur faisant en outre, inhibitions & defences sur semblable peine, de ne soutenir aucune cause estre vuidable en Audiẽce & sur le champ, sans en auoir eu aduis & conseil de l'Aduocat, qui aura veu le procez. Duquel ils rapporteront billet par iceluy Aduocat signé, par lequel il soustiendra la matiere vuidable sur le champ. Grillet.

*DEFENCES AVX PRISONNIERS, DE faire compositions ou condemnations, pour la belistrerie, ainsi par eux appellé, ny procedures à aucune exaction de deniers, pour banquetter, ny semblablement à constitution d'Officiers.*

DV 18. Aoust, 1573. le Senat faisant droict sur les requisitiõs & remonstrances du Procureur general, & ensuiuant les precedentes inhibitions, jà sur ce faictes par decret du Senat, du 6. Iuin, 1570. a faict iteratiues inhibitions & defences à tous prisonniers, tant presens, qu'aduenir, de quelque qualité qu'ils soient, de ne faire aucune composition ou condemnation, pour la belistrerie, ainsi par eux appellées : n'y autrement proceder à aucune exaction de deniers, soit pour banquetter ou yurogner, ou autrement en maniere que ce soit, ny semblablement à aucune constitution d'Officiers, & assemblée d'entr'eux, ny moins à aucune cõtraincte, leuation de gaige, ou autre cõcussion insolente, ains qu'ils ayent tous à se comporter modestemẽt, soubs la craincte & obeissance de Iustice. Le tout sur peine d'estre tout incontinant reserrez, tous ceux qui se feront trouuez en telles insolences & procedures, dans le crotton pour vn mois, sans remission. Outre autre peine, qui sera arbitrée par le Senat, contre tels contreuenans : & si a faict commandement & injonction aux Chastelains & Concierges, qui sont de present, & seront à l'aduenir, d'y auoir lœil. Et proceder

proceder tout incontinent au reserrement sus ordonné, de tous les contreuenans,& en aduertir le Senat: Et en outre de diligemment exercer leur charge, & ne permettre lesdictes insolences, compositions & procedures indeuës,ny aucun desordre dans lesdictes prisons,ains contenir lesdicts prisonniers en toute modestie & obeyssance. A peine de cinq cens liures, & de suspension & priuation de leurs offices. Sera le present Arrest publié & affigé à vn tableau dans lesdictes prisons,& chambre du Chastelain,à fin que lesdicts prisonniers n'en puissent pretendre cause d'ignorance. Collation faicte. Grillet.

*LES GREFFIERS, CLERS, ET AVTRES actuaires, n'estendront les lettres outre les decrets.*

LE Senat, par Arrest du 24. Nouembre, 1573. a faict inhibitions iteratiues aux Greffiers, Clers,& Actuaires,& tous autres, de n'estendre les lettres plus auant que portent les decrets, à peine de faux. Grillet.

*LES ACTVAIRES, TENANS LE REGISTRE des presentations, cotteront en marge du registre, la presentation qui sera anticipée auant le iour de l'assignation escheuë*

LE Senat par son Arrest,du 16. Mars,1574. a ordonné,que quãd quelqu'vn sera presenté,auant le iour de l'assignation aduenu, les Actuaires cotteront en marge du registre,la presentation qui aura esté anticipée, à fin qu'il ne s'ensuiue desordre,sur peine de tous despens,dommaiges,& interests des parties. Grillet.

*LES COMMIS PAR LETTRES DE CHANCELlerie, à faire examen à futurs, pourront passer outre à la forme du droict, nonobstant appel, s'ils en sont requis, sauf s'il y auoit recusation.*

MAistre Iean Perraton, Conselier de Monseigneur, & son Aduocat general, a faict remonstrance,contenant que l'on a veu souuent aduenir, que les parties sont estez contrainctes,

Lite

*Lite contestata vel non*, d'impetrer lettres Ducaux en Chancelerie, pour faire examen à futur, sur leurs faicts, à fin que leurs preuues ne perissent, & quand les Commissaires sont sur le poinct de proceder à tels examens, auec tesmoings vieux, valetudinaires, ou à futurs de prochaine & longue absence. Les parties aduerses, pour empescher telles preuues & trouuer moyen qu'elles perissent en la matiere, au long se portent pour appellans, & cependãt qu'on poursuit la cause d'appel, les tesmoins viennent à mourir, à cette cause requiert que sur ce soit donné reglement, & ordonné que les Commissaires, qui seront deputez par lesdictes lettres Ducaux, pour les examens à futurs, pourront passer outre, nonobstant appel, & sans preiudice d'iceluy, aux perils & fortunes de la partie poursuiuante.

Le Senat faisant droict sur ladicte remonstrance & requeste, & icelle interinant, a ordonné & ordonne que par cy-apres, quand seront impetrées lettres pour faire examen a futur, les Commissaires deputez pour iceluy examen, pourront passer outre, à la forme du droict, nonobstant appel, & sans preiudice d'icelluy, aux perils & fortunes de la partie requerante, sauf s'il y auoit recusation contre les Commissaires. Lesquelles recusations se deuront proposer, à la forme du reglement de ceans. Faict à Chambery au Senat, le 12. Iuin, 1574. Collation faicte. Griller.

---

## DEFENCES AVX IVGES D'APPEL, DE NE *prendre connoissance des appellations des procez criminels, en cas de mort naturelle, ciuile, torture, ou autre peine portant affliction de corps, bannissement, & amende honorable.*

LE Senat par Arrest, a faict inhibitions & defences, à tous Iuges d'appeaux, de ce ressort, de ne par cy apres entreprendre cõnoissance des appellations des procez criminels en cas de mort naturelle, ciuile, torture, ou autre peine afflictiue de corps, bannissement, & amende honnorable, suiuant le stil. A peine de cinq cens liures, & autre arbitraire. Faict à Chambery au Senat, le 11. iour de Iuillet, 1574. Collation faicte. Griller.

## REGLEMENT SVR LES REQVESTES CIVILES, *que l'on obtiendra sur le rabais des defauts & congez baillez en Audience, à faute de plaider.*

POur obuier aux inconueniens, subterfuges & longueurs de procez que l'on voit aduenir iournellement, par le moyen des requestes ciuiles, que s'impetrent sur rabais de defauts & congez obtenus en Audience à faute de plaider. Le Senat, en donnant sur ce reglement, a ordonné & ordonne, que dés-que defaut & congé sera esté obtenu en Audience à faute de plaider, les defaillans & contumax ne seront plus receus à restitution & entier, à l'encontre d'iceux defaut & congé à venir plaider, sinon en refondant despens de la cõtumace, & en payant au prealable vingt liures d'amende, moitié à son Altesse, & l'autre moitié à la partie pour ses dommaiges & interests. Faisant en outre inhibitions & defences aux Procureurs postulans ceans, que dés qu'ils seront presentez en causes, & saisis des pieces de leurs parties, ils n'ayent à s'en desaisir, iusques à ce que l'instance soit vuidée, ou que par le Senat soit ordonné : a peine de tous despens, dommaiges, & interests des parties à leurs propres & priuez noms, & d'amende arbitraire. Faict à Chambery au Senat, & prononcé en Audience, le dernier iour du mois d'Aoust, 1574. Griller.

## DEFENCES A TOVS MAGISTRATS ET *autres Officiers de ce ressort, de ne faire procez extraordinaire, & par escrit en choses viles & legeres, sinon qu'il y aye partie denonçante.*

REmonstrant iudiciellement Maistre Iean Perraton, Conseiller de Monseigneur, & son Aduocat general, combien que tant par disposition de droict, que par les anciens statuts & Arrests, ja sur ce donnez, soit defendu à tous Magistrats Chastelains, & autres Officiers, de ne faire procez & escritures, pour choses viles, legeres, & de peu de valeur, ains les decider sommairement, sans figure de procez. Aussi de ne faire & former procez extraordinaires & criminels en telles matieres, sans partie denon nonçante ou instigante. Neantmoins il est aduerty, que les Chastelains & Officiers du ressort, contreuenans à ce, trauaillẽt beaucoup les pauures subjects, par procez & escritures, ores que la matiere soit fort legiere, & de bien petite valeur, faisans à ce moyen plusieurs angaries sur le peuple. Requiert à cette cause, que inhibitions & defences soient faictes, tant aux Iuges, Chastelains, que autres Officiers, en choses viles, legeres, & de peu de valeur, ne faire procez extraordinaire, & par escrit, sinon qu'il y aye partie instigante ou denonçante. Ny aussi en faict de visitations & reparations de chemins, & autres semblables, ains quand y aura partie denonçante les iuger sommairement, & de plain aux assises, à la forme desdicts anciens statuts, reglement, & Arrest jà sur ce donné. Sur peine de priuation ou suspension de leurs Offices, & autre amende arbitraire.

Le Senat, en interinant quant à ce ladicte requeste, iudicielement faicte par le Procureur general, a faict inhibitions & defences, à tous Magistrats, & autres Officiers de ce ressort, de ne faire procez extraordinaire, & par escrit en choses viles & legeres, sinon qu'il y aye partie denonçante. A peine de cinq cens liures d'amende, applicables à son Altesse, & de suspension ou priuation de leurs Offices: ains en telles matieres viles & legeres, ou y a aucune partie denonçante proceder sommairement, & sans figure de procez, à l'assise, a la forme des anciens statuts, reglement & Arrests alleguez par ledict Procureur general, & sera le present Arrest publié, par tous les sieges de ce ressort. Et enjoinct à tous Iuges mages, de l'obseruer, & faire obseruer par les autres Iuges inferieurs, Chastelains, & autres Officiers de ce ressort, & aux Procureurs fiscaux d'y tenir main à peine de s'en prendre à eux, en leurs propres & priuez noms. Faict à Chambery au Senat, & prononcé en Audience, le 15. Ianuier, 1575.

Collation faicte. D'acquin.

*COMMANDEMENT A TOVS GREFFIERS de ce ressort, de d'oresnauant, lors qu'vn prisonnier sera amené aux prisons du Senat, de remettre par mesme moyen, entre les mains de celuy qui l'amenera, les procez, charges, & informations.*

SVr la requeste iudiciellemement faicte, par M. Iean Perraton, Conselier de Monseigneur, & son Aduocat general, contenant que iaçoit, suiuant les ordonnances & stile, dés long-temps obserué, les Greffiers des Baillages, & autres Iuges subalternes, & inferieurs du Senat, soient tenus, lors qu'il y a condemnation, en amende honorable, banissemét, ou autre peine afflictiue de corps, d'enuoyer ou apporter pardeuers le Greffe criminel du Senat, les pieces secrettes closes, quant & quant que l'on y amene le prisonnier, & à moindre frais que faire ce peut. Ce neantmoins pour vne insatiable auarice, & à fin de faire multiplicité de voyages, pour en auoir taxe à part, lesdicts Greffiers ne tiennent compte de les apporter ou enuoyer, lors auec le prisonnier, mais attendent plusieurs sommations, dont sont aduenus plusieurs inconueniens en ce, mesmes que les prisonniers ont trempé long-temps dans la prison sans estre ouys : à quoy est necessaire pouruoir, pour refrener tel abus. A cette cause requiert commandement & iniontion estre faict, à tous les Greffiers, qui seront saisis des sacs, & pieces desdicts criminels appellans, de les remettre clos & seellez, à ceux qui ameneront lesdicts prisonniers, pour par mesme moyen, lors qu'ils remetront iceux prinsonniers, dans les prisons & Conciergerie de ceans, remettre aussi lesdicts sacs & pieces, les concernans, audict Greffe criminel : a peine de suspension ou priuation de leurs Offices, & de n'auoir satisfaction des vacations & salaires qu'ils pourroient pretendre, pour ledict port, & d'autre amende arbitraire.

Le Senat faisant droict sur lesdictes requisitions, iudiciellement faictes par ledict Aduocat general, a faict commandement & iniontion à tous les Greffiers de ce ressort, leurs commis, & châcun d'eux, de d'oresnauant lors qu'vn prisonnier criminel sera amené

aux

aux prisons & Conciergerie de ceans, remettre par mesme moyen, entre les mains de celuy qui l'amenera, les charges & informations, pieces & procedures criminelles qui les concerneront, deuëment closes & seellées, pour par iceluy, en mesme instant qu'il remettra le prisonnier, estre lesdictes pieces remises au Greffier criminel de ceans ou son commis, qui luy en fera descharge. A peine de suspension ou priuation de leurs Offices, dommaiges & interests des parties, & d'autre amende arbitraire. Et sera le present Arrest, publié par tous les sieges de ce ressort, à fin que personne n'en puisse pretendre cause d'ignorance. Faict à Chambery au Senat, & prononcé en Audience, le 22. iour du mois de Feurier, 1575. *Collation faicte.* D'acquin.

## ARREST CONTENANT DEFENCES SVR LE *faict des assemblées, port d'armes, & de marcher la nuict sans chandelle.*

LE Senat faisant droict sur les remonstrances, conclusions, & requisitions faictes par M. Estienne Cauet, Procureur general, a ordonné & ordonne que inhibitions & defences seront faictes à toutes personnes, de quel estat, & qualité qu'ils soient, de faire assemblées, monopoles, ny scadrilles illicites, à peine d'estre pendus & estranglez. Et par mesme moyen a ordonné que inhibitions & defences seront faictes, à toutes personnes, n'estant de ce priuilegié, de porter armes par la ville, de iour ny de nuict. Semblablement est inhibé & defendu à toutes personnes, soient manans & habitans de la presente ville, ou autres, de ne marcher la nuict par la ville sans chandelle, à peine de trois traicts d'estrapade de corde, qui sera executé au mesme instant, contre les contreuenans : Et à fin que lesdictes inhibitions & defences soient & demeurent inuiolables, à faict commandement & inionction au Capitaine de Iustice, ses lieutenans, & Archers, faire la ronde la nuict par la presente ville, & proceder diligemment contre les contreuenans, à peine de s'en prendre à eux, à leurs propres & priuez noms. Et à ces fins a ordonné & ordonne, qu'il sera erigée vne potence, en la place du Chasteau, pour estre promptement

 executé

executé contre les coutreuenas. Faict à Chambery audict Senat, & prononcé en Audience, le 16. iour de Iuin, 1576.

Collation faicte. D'acquin

*AVCVN NE SERA RECEV AV NOMBRE des Aduocats postulans ceans, qu'ils n'ayent estudié aux loix, en fameuses vniuersités, l'espace de cinq années.*

SVr la remonstrance du Procureur genereral de Monseigneur, tendant à fin de donner reglement au desordre & abus de plusieurs ieunes hommes, qui sans estre fondez aux bonnes lettres, s'en vont demeurer aux vniuersitez des loix, & entreprenent, dans deux ou trois ans, prendre le degré de doctoral, en quelque vniuersité non fameuse, puis se venir presenter pour estre receuz au nombre des Aduocats postulans ceans.

Le Senat, pour obuier aux abus, a ordonné & ordonne, que par-cy apres nul ne sera receu ny matriculé, au nombre des Aduocats, postulans ceans, qu'au prealable ils n'ayent suffisamment, par bonnes & authentiques attestations, faict apparoir auoir bien & diligemment estudié, en quelques vniuersitez fameuses des loix, par le temps & espace, au moins de cinq années entieres, & d'auoir prins le degré de doctoral, en vne vniuersité fameuse, ayãt l'exercice ordinaire des lectures publiques. A la charge aussi, de deuoir en outre, pardeuant ledict Senat, ou certain nombre des Commissaires, par iceluy à ces fins deputez, reciter des poincts, tant en droict Canon, que ciuil: & subir tel examen, que ledict Senat verra estre requis, pour ce faict estre procedé par ledict Senat, à la reception, ou renuoyé, ainsi qu'il verra estre à faire par raison. Faict à Chambery audict Senat, & prononcé en Audience, le 17. Nouembre, 1576. *Collation faicte.* *D'acquin.*

*ARREST CONTENANT DECLARATION, QVE le premier Banc de la Sale de l'Audience, est pour le siege des Aduocats & Docteurs, auec inhibitions aux Procureurs & autres, d'y entrer, sinon lors que leurs causes seront appellées.*

LE Senat faisant droict sur la remonstrance, verbalement faicte par maistre Iean Perraton Aduocat general, a declaré & declare,

clare, que le premier Banc est pour les Aduocats postulans, & Docteurs: a faict inhibitions & defences ausdicts Procureurs, & aux parties, de ne s'y mettre, sinon lors que leurs causes seront playdées, se retirer en leurs bancs, à peine de dix sols, contre châcun contreuenant, payables sans deport. Et en outre a faict inhibitions & defences ausdicts Procureurs, & leurs substituez, de venir en Audience en habit indecent, sur semblable peine, & autre arbitraire. Faict à Chambery audict Senat, & prononcé en Audience, le 16. Iuillet, 1577. *D'acquin.*

*ARREST, PAR LEQVEL EST DECLARE, que aucunes causes de recusations, ne seront receues, qu'elles ne soient aduoüées & asserées par les parties, & signées par leurs Aduocats.*

LE Senat faisant droict, sur la remonstrance verbalement faicte en iugement, par M. Iean Perraton, Aduocat general, a declaré & declare, que par cy apres aucunes causes de recusatiõs ne seront receuës, quand elles seront seulement signées par les parties, ains faudra qu'elles soient signées par leurs Aduocats & aprouuées par icelles parties. Ausquelles & ausdicts Aduocats, ledict Senat a faict inhibitions & defences, de n'en proposer aucunes, qui ne soient pertinentes, legitimes, & soustenables de droict, sur les peines, portées par le stil & reglement de ceans. Declarãt que ou telles recusations ne seront trouuées legitimes, qu'il sera procedé à l'encontre des proposans, suiuant la rigueur du stil, & Arrest de ceans. Faict à Chambery audict Senat, & prononcé en Audience, le 23. Iuillet, 1577. D'acquin.

*ARREST PAR LEQVEL EST INHIBE AVX Substituez des Procureurs, de comparoir en Audience, sinon auec robbes longues, & bonnetz, comme les Procureurs mesmes.*

LE Senat faisant droict sur la remonstrance, verbalement faicte, par M. Iean Perraton Aduocat general, a faict commandement & injonction, aux substituez des Procureurs, postulans ceans, qui viennet en Audience pour excuser leurs maistres, d'y venir

venir en habit decent. A sçauoir auec robbes longues, & bonnets, comme les mesmes Procureurs. Faict à Chambery au Senat, le 17. Aoust, 1577. *D'acquin.*

*DEFENCES AVX GREFFIERS, LEVRS commis, ou Clers de l'Audience, d'expedier les Arrests sans la plaidoyrie.*

LE Senat a faict inhibitions & defences aux Greffiers de ceans, & leurs commis, d'expedier aucuns Arrests d'Audience, que les plaidoyries des parties n'y soient inserées, à peine de cinquante liures, & autre arbitraire. Faict à Chambery au Senat, le 29. iour de Nouembre, 1577. D'acquin.

*LES ADIOVRNEZ EN DESERTION, NE seront receuz à faire preuue par tesmoins, des traictez d'appoinctemens sur leur different, pour euiter ladicte desertion, ains par acte de compromis, ou traicté par escrit.*

SVr la remonstrance verbalement faicte, par M. Iean Perraton Conseiller de Monseigneur, & son Aduocat general.

Le Senat faisant droict, sur ladicte remonstrance, a declaré & declare, que par cy apres les adiournez en desertion, ne seront receuz à faire preuue par tesmoins, des traicté d'appoinctement sur leur different, pour euiter ladicte desertion; Ains seront tenus en faire apparoir par compromis, passé pardeuant Notaire, autrement & à faute de ce sera passé outre, au iugement desdictes instances, comme le Senat verra à faire par raison, ou bien par actes, pris du commun consentement, & requisition der parties, pardeuant Notaire, comme elles sont és traictez d'appoinctemens, dans le temps de releuer l'appel. Faict à Chambery au Senat, & prononcé en Audience, le 16. iour du mois de Nouembre, 1577.

Collation faicte. *D'acquin.*

COM

*COMMANDEMENT AVX PROCVREVRS postulans ceans, de mettre en leurs presentations, & aux premieres qualitez, & actes des procez par escript, roolles d'audience, & attiquettes, les lieux, demeurances, & domiciles de leurs parties. Et aux Notaires semblablement, aux actes de procurations qu'ils receuront.*

LE Senat faisant droict sur la remonstrance verbalement faicte en iugement par M. Iean Perraton Aduocat General, a faict inionction & commandement à tous les Procureurs postulans ceans, de mettre en leurs presentations, & aux premieres qualitez, & actes des procez par escript, comme aussi aux roolles d'audience, & aux attiquettes, les lieux des demeurances, habitations, & domiciles de leurs parties. A peyne de cent liures contre chascun contreuenant, & des dommages & interests, procedans par la faute & contrauention. Et si a faict semblable commandement & inionction aux Notaires, de mettre par les procurations qu'ils receuront, les lieux des domiciles, & habitations des parties constituantes, à semblable peyne de cent liures, & autre arbitraire. Et sera publié le present arrest par tout ce ressort, afin que l'on n'en pretende cause d'ignorance. Faict à Chambery, le 18. Ianuier 1578.

Collation faicte. *Poncet.*

*INHIBITIONS ET DEFENCES A TOVS IVGES de ne proceder par recollemens, confrontations, & extraordinairement, pour iniures verbales ou reelles, ou il n'y aura sang, entre personnes mechaniques, artisans, paysans, & femmes non qualifiees.*

SVr la remonstrance verbalement faicte par maistre Iean Perraron, Conseiller de Mon-seigneur, & son Aduocat general, sur ce que par le styl & reglement, il est defendu à tous

Iuges de ce ressort, de ne proceder extraordinairement, par recollemens, & confrontations, ains regler les parties en procez ordinaire, quand par l'issuë de procez & sentence que s'en ensuyura, ne peut escheoir condemnation de bannissement, amende honnorable, ou autre peine afflictiue de corps, ains eslargir les accusez soubs cautions, s'ils ne sont soluables. Ce neantmoins le contraire se voit, & que les Iuges obseruent le contraire. Car pour iniures verbales ou reelles, ou il n'y a sang, ou mutillation de membres, entre artizans mechaniques, ou femmes non qualifiees, ils procedent extraordinairement, consument les parties en gros frais, lesquels & les interests des denonçans, & aussi les amendes à son Altesse, & seigneurs iusticiers, par procez ordinaire se pourront adiuger. Partant requiert, sur grosses peines, leur estre enioinct, d'obseruer de poinct en poinct le reglement & arrest, que presentement sera rendu, soit par tout publié, à ce que lesdicts Iuges n'escheoyent esdictes peines, par contrauention audict reiglement.

LE Senat faisant droict, sur les requisitions presentement faites par le Procureur general, a fait inhibitions & defences à tous Iuges de ce ressort, de ne proceder par recollemens, confrontations & extraordinairement, pour iniures verbales ou reelles, ou il n'y a sang, entre personnes mechaniques, artizans, paisans, & femmes non qualifiees, ains reigler les parties en procez ordinaire, suiuant le stil, & en obseruation d'iceluy, sur peine de cinq cens liures, & de suspension ou priuation de leurs offices, & d'estre tenus à leur propre & priué nom, à tous les despens dommages, & interests des parties. Et ordonne ledit Senat, que le present arrest sera publié par tous les lieux de ce ressort, afin qne l'on n'en pretende ignorance. Et enioinct au Procureur general y tenir main & faire ses diligences. Faict à Chambery audict Senat, & prononcé en audience, le dixseptiesme May mil cinq cens septante huict.

Collation faicte, Poncet.

LES

*LES ADIOVRNEMENTS PERSONNELS ET prinſe de corps decernez par les Iuges, ou il y aura appel interiecté par les preuenus & chargez, ſeront leſdicts adiournemens perſonnels, & prinſe de corps executez, ſinon qu'il apparuſt promptement de l'incompetence du Iuge, nonobſtant oppoſition ou appellation quelconque, & ſans preiudice d'icelle, ſauf à faire droict ſur le r'enuoy, eſtans ouys, & eſtre deferé auſdictes oppoſitions & appellations.*

SVr la remonſtrance iudiciellement faicte par M. Iean Perraton, Conſeiller de ſon Alteſſe, & ſon Aduocat General, tendant à deux chefs. Le premier, ſur ce que par arreſt du dix-ſeptieſme May dernier, rendu ſur la remonſtrance verbale en Audience, pour le regard des denonces, ſur iniures verbales ou reelles legeres. Par lequel fuſt defendu aux Iuges proceder extraordinairement, ſuiuant le ſtil, par repetitions & confrontations. Aucuns Iuges ont mis en difficulté, s'il y auoit blaſphemes & iuremens, s'ils ne pourront proceder, en cas de negatiue par confrontations. Si a requis, que là où il y auroit blaſphemes execrables, que les Iuges procedaſſent par leſdictes repetitions & confrontations. L'autre chef eſt, que l'experience de iour à autre a monſtré, que pluſieurs crimes & delicts demeurent elteincts & aſſoupis par les frequentes appellations, que interiettent les accuſez des decrets d'adiournemens perſonnels, & prinſes de corps, decernez par les Iuges, en ſorte que tels appellans ſe pourmenent au conſpect des Iuges, qui en reçoiuent indignitez & meſpris, & les offences demeurent ſans Iuſtice, le plus ſouuent pour la pauureté ſans pourſuitte les ſacs pendus au croc, & appellations non vuidees. A requis à ce moyen, pour le chaſtiment des crimes & repos du publicq, eſtre ordonné par arreſt, qu'il ſera permis à tous Iuges competans, & deſquels la competance ſera notoire, de paſſer outre, à l'execution de leurſdicts decrets d'adiournemens perſonnels, & prinſe de corps, nonobſtant les appellations interiettees, & ſans preiudice d'icelles.

Le Senat faiſant droict ſur les requiſitions iudiciellement faictes par le Procureur general, a ordonné & ordonne, que les arrests rendus ceans, touchant les procedures des iniures verbales & reelles, legeres tiendront, & seront obseruez de poinct en poinct, selon leur forme & teneur, sauf que si par le discours des informations, il apparoissoit de blasphemes execrables, sur la denegation des accusez, sera procedé par les Iuges, par recollemens & confrontations de tesmoins. Chargeant à cest effect, leur honneur & conscience, & sans y commettre abbus. Et pour le regard des adiournemens personnels, & prinse de corps, decernez par les Iuges, ou il y aura appel interietté, par les preuenus & chargez, seront lesdicts adiournemens, & prinse de corps executez, nonobstant oppositions ou appellations quelconques, & sans preiudice d'icelles, sinon que lesdicts Iuges, qui ont decerné telles lettres fussent incompetens, & qu'il apparust de l'incompetence promptement, clairement, & à veue d'œil. Sauf iceux accusez ouys, estre deferé ausdictes appellations ou oppositions, & fait droict sur le r'enuoy par eux requis, ainsi que de raison. Et en outre, ordonne que le present arrest sera publié par tous les sieges de ce ressort, afin que d'iceluy nul n'en puisse pretendre cause d'ignorance. Faict à Chambery, au Senat, & prononcé en Audience, le 17. iour de Iuin, 1578.

Collation faicte. *Poncet.*

---

*INHIBITIONS ET DEFENCES A TOVTES personnes, de mettre par dedans les vignes, soyent proprietaires d'icelles, ou non, aucun bestail. Ny semblablement de chasser dans lesdictes vignes auec cheuaux.*

SOnt faictes inhibitions & defences à toutes personnes, de quelque estat, qualité, & condition qu'ils soyent, de mettre par dans ler vignes, soyent proprietaires d'icelles, ou non, aucun bestail, beufs, vaches, cheures, pourceaux, brebis, moutons, ou autres animaux, sur peine de cent liures pour vn chascun contreuenant, & confiscation du bestail. Et semblablement de

chasser

chasser par dedans lesdictes vignes auec cheuaux, sur mesme peine de cent liures. Et en outre est mandé, & tres-expressement enioinct à tous Iuges Ducaux, du ressort du Senat, & autres officiers, de faire obseruer lesdictes inhibitions, & chastier les contreuenans, sur peine de s'en prendre à eux, & de priuation de leurs offices. Faict à Chambery, le 15. du mois de Octobre 1578. *Poncet.*

*ARREST PAR LEQVEL EST PROHIBE AVX Procureurs de mettre leurs causes en roolle, bailler attiquettes, sans s'estre communiquez, & conuenus de leurs faicts.*

SVr la remonstrance verbalement faicte, par M. Iean Perraton, Conseiller de Mon-seigneur, & son Aduocat General, contenant comme pour obuier à la confusion de la poursuitte, que se faisoit pour la plaidoyerie des causes par attiquettes, fust dit & ordonné que lesdictes causes seroyent enroollees. Et au parauant que les mettre au roolle, que les Procureurs des parties se communiqueroyent, & conuiendroient si elles estoyent vuidables, à quoy toutesfois plusieurs fuyards n'ont satisfaict. Requiert à ceste cause qu'il soit inhibé, à peine d'estre rayez de la matricule, de presenter requeste pour plaider, & mettre au roolle aucunes causes, sans auoir au prealable communiqué & conuenu, si la matiere est vuidable en Audience.

LE Senat faisant droict sur la remonstrance & requisition iudiciellement faicte par l'Aduocat General, a ordonné & fait tres-expresse inionction aux Procureurs postulans ceans, de faire poursuitte de plaider par attiquettes, & semblablement de mettre les causes au roolle, sans au prealable s'estre respectiuement communiqué, & auoir conuenu de leurs faicts, & si la matiere est vuidable en Audience. Dequoy ils rapporteront acte, attaché à leur requeste & attiquettes, qui sera prins au parquet, ou pardeuant les Commissaires à ce deputez. Et c'est à peine de vingt-cinq liures, contre vn chascun contreuenant, & d'estre rayez de la matricule, ou ils se trouueront perseuerans. Faict à Chambery, audit Senat, & prononcé en Audience, le 18. iour de Nouembre, 1578. Collation faicte. *Poncet.*

*EDICT FAICT PAR SON ALTESSE SVR LA moderation de la valuë des censes annuelles deuës à cause des rentes volantes, qui se contractent en Sauoye.*

EMANVEL PHILIBERT, par la grace de Dieu, Duc de Sauoye, Chablais, Aouste, & Geneuois : Prince & Vicaire perpetuel du sainct Empire Romain : Marquis en Italie : Prince de Piedmont : Comte de Geneue, Bauge, Romont, Nice, & Ast : Baron de Vaux, Gex, & Foucigny : Seigneur de Bresse, Verceil, & du Marquisat de Ceue. A tous ceux qui ces presentes verront, Salut. Nous auons tousiours estimé l'office d'vn Prince Chrestien, (desireux du bien & repos de ses subiects) consister principalement en ce que les vices & pechez, par lesquels l'ire de Dieu est iustement prouoquee contre les humains, soyent entierement abolis & extirpez d'entre leur peuple, mesmes ceux qui outre l'offense diuine sont si dommageables & pernicieux, que non seulement on les repute detestables deuant Dieu, mais aussi pour les extremes maux qui en prouiennent, sont enuers les hommes scandaleux & abominables. Entre lesquels sans aucune difficulté l'insatiable cupidité des vsures est cogneuë tenir le premier lieu, estans si bien prohibees & defendues, tant par disposition de droict diuin, que humain, & que des saincts Docteurs de l'Eglise elles soyent equiparees aux mortelles morsures d'vn serpent venimeux. ce neantmoins sont tant curieusement, & auec telle auidité exercees, par gens de mauuaise conscience, stimulez d'vne execrable auarice, que mesprisant toute charité Chrestienne, & se laissans conduire à vne enragee cupidité d'acquerir, succent miserablement le sang des pauures necessiteux, & reduisent plusieurs bonnes maisons à totale ruine & perdition, ne cessans iournellement (ces monstres en nature) de trouuer moyens

moyens & inuentions, par lesquelles leur mauuaise volonté soit couuerte, soubs le pretexte de quelque contract non reprouué de droict, ce qu'auons entendu (à nostre grand regret) auoir cours parmy nos subiects, au moyen des rentes qu'ils appellent volantes, lesquelles ils vendent & acheptent soubs grace de reachept, à cense de bled, vin, ou autres denrees, à telle quantité annuelle, que selon la valuë plus commune de tels grains & denrees, le profit en reuient à l'achepteur bien souuent à vingt, ou vingt-cinq pour cent, & excusent ce gain trop excessif, soubs couleur de l'incertitude de la valeur des denrees, le prix desquelles est variable selon le temps, comme si la quantité d'icelles conuenues dans leurs contracts n'estoit si grande, que si bien les saisons venoyent plus abondantes qu'on les ayt veu dés long-temps, encores ne se vendroyent les fruicts de la terre à si vil prix, que tels reuenus annuels ne surpassent de beaucoup vn proffit raisonnable. Et neantmoins pour n'auoir esté iusques à present donné quelque reiglement certain à ces pasches & conuentions, la chose est venue à tel desordre, que non seulement les mauuais continuent, sans crainte de punition, en leur insatiable rapine, mais aussi plusieurs bons personnages, & de sincere conscience, estimans cela n'estre reprenable du droict, tombent en mesme erreur innocemment, & par inaduertence: mesmes sommes esté aduertis (ce que n'auons peu entendre sans horreur) que plusieurs pour vingt florins de nostre monnoye courante en Sauoye, acheptent vn boisseau de froment, mesure de Chambery, payable tous les ans, qui est interest tant excessif & intollerable, que ne pourrions le passer auec dissimulation, sans grande charge de nostre conscience, & totale ruine de nos pauures subiects. A quoy desirans pouruoir, & descharger nosdicts subiects de si detestables pilleries, cherchans par tous moyens à nous possibles les fauorablement traicter. Auons auec meure deliberation, & par l'aduis des gens de nostre conseil d'Estat, statué & ordonné, statuons & ordonnons par ce nostre Edict perpetuel & irreuocable, voulons & nous plaist, que tous contracts de ventes & achepts, faicts desdictes rentes volantes, depuis trente ans en çà, & qui se feront par cy-apres, soyent reduits & moderez, tellement que le payement de la cense annuelle, qui se fera en vertu d'iceux contracts, n'excede point en valeur au plus sept pour cent, de prix principal, ains ou le bled & autres denrees deubes pour ladicte cense excederoit, au temps que s'en deura faire le payement, la value de sept pour cent, selon la commune estimation, & vente qui s'en fera au marché, du lieu plus proche à celuy ou se doit payer icelle cense annuelle, voulõs, & nous plaist, que le debiteur ne sera tenu de payer & satisfaire le bled, ou autre espece par luy deue, sinon en telle quantité qu'elle n'excede en value & estimation le prix que dessus: A peine que ou l'achepteur en receura d'auantage, il sera puny comme vsuraire, & le debteur de peine arbitraire, à la discretion de nos Iuges. Et afin que nos subiects puissent plus aisément sçauoir le commun prix des denrees, qui se vendent ausd. marchez, voulons, & nous plaist, que le reiglement ia par nous faict, & contenu au stil de nostre Senat, concernant les registres dudit prix, de marché en marché soit inuiolablement obserué A quoy nous enioignons expressément aux Scindycques des lieux, de tenir main, à peine de s'en prendre à eux, & d'estre condamnez en leur propre & priué nom, aux dommages & interests des parties, qui pourroyent entrer en difficulté de preuue, à faute desdits registres, non deuëment faits.

Si donnons en mandement à nos tres-chers, bien amez, & feaux Conseillers, les gens tenans nostre Senat en Sauoye, & à tous nos autres iusticiers & officiers, si comme à chacun d'eux appartiendra, que nostre present Edict, ils facent lire, publier & enregistrer, entretenir, garder, & obseruer, selon sa forme & teneur: enioignant à tous Curez, & Vicaires d'iceluy publier au prosne de leurs Eglises les iours de feste, afin que nostre pauure peuple n'en puisse pretendre ignorance, Car tel est nostre plaisir, nonobstant tous vs. coustumes, & autres choses à ce contraires, ausquelles comme abusiues, detestables, & contre tout droict & raison, de nostre certaine science, pleine puissance & authorité souueraine, auons derogé & derogeons par ces presentes, lesquelles pour plus certain tesmoignage de nostre volonté,

auons

auons signé de nostre main, & faict apposer nostre seel à icelles. Donné à Thurin, le 7. iour du mois d'Apuril, 1570.

E. PHILIBERT. V. Strop. Fabri.

*Leues, publiées, enregistrées, present, & à ce requerant le Procureur General. A Chambery, au Senat, le 22. Apuril, 1570.*

*Poncet.*

## *DECLARATION, QVE PAR CE MOT Lige, n'est alteré le priuilege, & qualité de la Noblesse, au seruice de fidelité presté à V. A.*

EMANVEL PHILIBERT, par la grace de Dieu, Duc de Sauoye, Prince de Piedmont; &c. A tous ceux qui ces presentes verront, Salut. Comme pour aucunes iustes causes & considerations, ayons voulu & ordonné, que nos tres-chers, bien amez, & feaux vassaux, & autres Nobles de nostre Pays deçà les Monts, nous ayent derechef, & à nostre tres-cher, & tres-amé Fils, le Prince de Piedmont, en apres de nous successiuement presté dés maintenant les hommages, & fidelitez esquels ils nous sont tenus par deuoir de naturels subiects & vassaux : Et qu'en la forme de serment qu'ils nous en ont faicte & feront, les autres qui ne l'ont encores presté, soit entre autres choses exprimé, qu'ils s'obligent enuers nous, nosdicts Fils & successeurs, à tout ce en quoy sont tenus & adstraincts, bons, loyaux, & fidelles subiects Liges, Nobles, & vassaux enuers leur vray naturel seigneur, & Prince. Au moyen de laquelle diction (Lige) aucuns veulent alleguer & pretendre, comme il nous a esté rapporté, que nous les ayons voulu obliger & adstraindre à quelque condition à eux preiudiciable, & excedant les anciens droicts ausquels ils nous sont tenus.

Sçauoir faisons, que nous voulans esclaircir ladite doute, & faire cognoistre euidemment l'affection, que nous auons tousiours eue de conseruer nostredite Noblesse en ses droicts, authoritez, preéminences, franchises, & libertez, & oster quant à ce toute difficulté, Auons pour ces causes, & autres à ce nous mouuans, de nostre certaine science. & propre mouuement declaré & declarons par ces presentes, que par ladite forme de fidelité, n'auons entendu ny entendons, en maniere que ce soit alterer l'Estat, qualité, franchise, & liberté de nosdits vassaux, & Nobles, ny aucunement preiudicier à leurs droicts & libertez, ains en conformité de la disposition du droict, que par ladite diction est seulement signifié, iceux estre & demeurer liez, vnis, & ioincts auec nous, & nosdits successeurs en tout deuoir d'obeyssance, d'vne si ferme, constante & inuiolable liaison, qu'ils sont tenus à perpetuité nous seruir, aider, & secourir enuers tous, & contre tous, sans nul excepter, comme membres, leur chef De laquelle nostre presente declaration se pourront seruir tous ceux qui auront quelque doute de nostredite intention. Mandant à ceste cause à nos tres-chers, bien amez, & feaux Conseillers, les gens tenans nostre Senat, & Chambre des Comptes en Sauoye, & autres nos Iusticiers, & Officiers qu'il appartiendra, que icelle nostre presente declaration ils gardent, entretiennent, & obseruent, facent garder, entretenir & obseruer, lire, publier, enregistrer par tout où appartiendra, à ce que nul en puisse pretendre cause d'ignorance. En tesmoin dequoy auons signé ces presentes de nostre main, & icelles fait seeller de nostre seel accoustumé. Donné à Chambery, le 1. iour du mois de Nouembre 1576.

E. PHILIBERT. V.L.Millet.

V.R.Lyobord. Pobel.

*Leues, publiees & enregistrees, ce requerant le Procureur General. A Chambery, au Senat, le sabmedy 3. Nouembre, 1576.*

*Dacquin.*

*Leues, publiees & enregistrees, ce requerant le Procureur Patrimonial. A Chambery, au Bureau des Comptes, ce 16. Nouembre 1576.*

*Beysson.*

## *EDICT CONTENANT CEVX QVI FONT cession de biens, pour ne payer les amendes au Fisque.*

EMANVEL PHILIBERT, par la grace de Dieu Duc de Sauoye, Chablais, Aouste, & Geneuois: Prince & Vicaire perpetuel du sainct Empire Romain: Marquis en Italie: Prince de Piednont: Comte de Geneue, Bauge, Romont, Nice, & Ast: Baron de Vaux, Gex, & Faucigny: Seigneur de Bresse, Verceil, le Marro, Onelia, & du Marquisat de Ceue, &c. Nostre amé & feal Procureur General nous a fait dire, & remonstrer, que croissant auec le temps la malice des hommes, estre aduenu depuis quelques annees en çà, que plusieurs meschans se sont addonnez à diuerses sortes de crimes, & delicts, à la verification & punition desquels, nos Officiers & Iusticiers se sont trouuez souuent empeschez, & se sont lesdits delinquants rendus d'autant plus faciles à commettre & perpetrer tels crimes, ou comme complices, adherer aux meschans desseins & execution des autres, soubs esperance qu'ils ont prins, qu'aduenant qu'ils fussent saisis, & leurs procez formez par nostre Senat, nos Iuges, ou des autres Iusticiers, & subalternes, selon la qualité des crimes, ils seroyent condamnez en amendes pecuniaires, & non corporelles, dont ils se sont rendus d'autant plus temeraires audacieux, & licentieux à commettre lesdits crimes, esperant de payer & acquitter lesdites amendes par moyen de la cession de leurs biens, comme par cy-deuant on a veu estre souuent aduenu, ayans par ce moyen esté eslargis, & mis hors des prisons, & par telle esperance d'impunité se sont vraysemblablement commis, & se commettent plusieurs crimes, desquels Dieu est offensé, le repos publicq trauaillé, & le prochain interessé, ne pouuant obtenir r'embourseme nt de ses pertes & dommages, nos deniers & finances diminuez: Estant le plus souuent necessaire, que nos Officiers ayent faict fournir par nos Thresoriers aux frais de Iustice, & de la nourriture aux prisons desdits condamnez.

Sçauoir faisons, que considerant le seul & principal moyen

de la conseruation des Estats estre l'administration de Iustice, voulant faire viure nostre peuple soubs les Loix d'icelle, & retrancher toutes telles audaces & temeritez, faisant chastier les mauuais de telle sorte, que ceux qui par la vertu ne pourront estre destournez de mal faire, le soyent par la crainte du chastiment & supplice qu'ils verront receuoir à leurs semblables. Considerant aussi ce que nous voulons establir pour ce regard conforme à la disposition du droict commun. Par cestuy nostre Edict irreuocable, auons dit, ordonné & declaré: disons, ordonnons & declarons, que tous criminels, accusez, conuaincus, & condamnez de crimes publicqs, & autres actions d'importance, consideré toutesfois la grauité des delicts, circonstances du faict, qualité & condition des accusateurs & accusez, ou des seuls accusez, quand il n'y a autre partie que nostredit Procureur General, ses substituez, ou Procureurs d'office. Iceux condamnez ne seront receus à faire cession de biens, pour le payement des amendes, ausquelles pour raison des susdits crimes ils auront esté condamnez, ains seront par nostredit Senat, nos Iuges Majes, & autres subalternes condamnez à punition corporelle, du fouët, gallere, ou autre portant infamie. Le tout à l'arbitrage & iugement desdits Iuges, l'honneur & conscience desquels nous enchargeons.

Si donnons en mandement à nos tres-chers, bien amez, & feaux Conseillers, les gens tenant nostre Senat en Sauoye, faire lire, publier, & enregistrer ce present nostre Edict, obseruer & entretenir inuiolablement selon sa forme & teneur. Car tel est nostre plaisir, nonobstant tous vs, stil, obseruance iusques à present, & autres à ce contraires que ne voulons nuire ny preiudicier, & ausquels entant que de besoin, auons derogé & derogeons de grace, speciale puissance & authorité souueraine, par ces presentes. Donné à Nice, le 12. iour de Feburier 1577.

Collation faicte. *Pobel.*

*Leu, publié & enregistré, ce requerant le Procureur General. A Chambery, au Senat, le sabmedy 23. Feburier, 1577.*

*Dacquin.*

Le

*Le 27. du moys de Feburier. 1577. Ont esté par moy Huißier au Senat, soubsigné, publiees les presentes, par les carrefours de la presente Ville de Chambery, Fauxbourgs d'icelle, accompagné de quatre Trompettes, afin que l'on n'en pretende cause d'ignorance.*

*Marge.*

---

## *EDICT CONCERNANT CEVX QVI DEROgeans à la Iustice de V. A. recourent à Iustice, & Princes estrangers.*

EMANVEL PHILIBERT, par la grace de Dieu, Duc de Sauoye, Chablais, Aouste, & Geneuois: Prince & Vicaire perpetuel du sainct Empire Romain: Marquis en Italie: Prince de Piedmont: Comte de Geneue, Bauge, Romont, Nyce, & Ast, Baron de Vaux, Gex, & Faucigny: Seigneur de Bresse, Verceil, le Marro, Onelia, & du Marquisat de Ceue, &c. A tous ceux qui ces presentes verront, Salut. Chacun a peu cognoistre quel a esté nostre soin & sollicitude, dés qu'il a pleu à Dieu nous restablir en nos Estats, à les tenir & maintenir en paix, & nos subiects en vnion, repos, & tranquillité, n'ayant pour cest effect espargné despense quelconque, & mesme a establir & entretenir diuers Magistrats & Officiers, pour faire & distribuer Iustice à tous indifferemment & egalement, auec les authoritez & pouuoir sur ce requis, ainsi qu'il se voit par l'erection & institution de nos Senats, Iuges Majes, & autres nos Officiers de Iustice deçà & delà les Monts. Enuers lesquels nosdits subiects & autres peuuent & doiuent recourir, selon l'exigence de leurs cas & affaires, Edicts, ordonnances & reiglemens sur ce faits & publiez. Et toutesfois nous sommes au vray informez, qu'aucuns de nosdits subiects ont eu recours contre autres nos subiects leurs parties, tant en matiere ciuile, que criminelle, par deuant Iustice & Officiers estrangers. Quelques vns aussi sont allez importuner Princes & Seigneurs estrágers, pour rapporter d'eux lettres pour procez, pendans par deuant nos Magistrats & Officiers, estimans de pouuoir par telles voyes & moyens indirects plus vexer & trauailler leursdites parties, bien que toutes soyent de nostre dition & obeyssance, & par ce tenues recourir à la Iustice & Officiers establis par nous, leur Prince naturel & souuerain : dont se pourroyent ensuyure tres-grands inconuenients, si à ce n'estoit vne fois pour toutes aduisé & remedié.

Sçauoir faisons, qu'apres auoir mis ceste matiere en deliberation en nostre conseil, ou le tout a esté meurement entendu & consideré : Auons par aduis d'iceluy dit, statué & ordonné, disons, statuons & ordonnons, voulons & nous plaist, qu'ayant à agir vn ou plusieurs de nos subiects contre autres semblablement subiects nostres, ou domiciliez riere nos terres, soit en matiere ciuile ou criminelle, ils n'auront recours, sans nostre expresse permission, & de nostre Senat, par deuant autres, que nos Officiers, ausquels la cognoissance en doit appartenir, selon nos Edicts, ordonnances, reiglemens & stil, faits et publiez sur la distribution et administration de nostre Iustice. Semblablement aussi ne rechercheront, ny iront importuner aucuns Princes ou Seigneurs estrangers, pour r'apporter autres lettres qui pourront retarder ou empescher le cours de Iustice : A peine, en cas de contrauention, de confiscation de corps et biens. Enioignant à nostre Procureur General, de faire toutes viues poursuittes, sur la punition desdits contreuenans, telle que dit est, à peine de s'en prendre à luy à son propre et priué nom.

Si donnons en mandement par ces mesmes presentes, à nos tres-chers, bien amez et feaux Conseillers, les gens tenans nostre Senat delà les Monts, et autres nos Officiers, chascun endroit soy, comme luy appartiendra, que ce present nostre Edict statu, et ordonnance ils facent lire et enregistrer, garder, entretenir, et obseruer inuiolablement, selon sa forme et teneur. Et publier à son de Trompe, afin que personne n'en pretende cause d'ignorance. Car tel est nostre vouloir, nonobstant toutes choses à ce contraires. En foy dequoy auons signé ces presentes, et à icelles fait apposer nostre seel. Donné à Nice, ce 12. Februrier, 1577.

E. PHILIBERT. *Pobel.*

 *Leu,*

*Leu, publié, & enregistré, ce requerant le Procureur General, le tout toutesfois sans preiudice des actions reelles, pour le regard des biens situez hors les terres de l'obeyssance de S. A. pour le regard desquelles les parties se pourront pouruoir à la forme du droict, & suiuant le stil & reiglement de ceans. A Chambery, au Senat, le sabmedy 20 Feurier, 1577.* *Dacquin.*

*Le 17. du mois de Feurier, 1577. ont esté par moy Huißier au Senat soubsigné, publié les presentes par les carrefours de ceste Ville de Chambery, fauxbourgs d'icelle, accompagné de quatre Trompettes, afin qu'on n'en pretende cause d'ignorance.* *Marge.*

## *EDICT PAR LEQVEL SON ALTESSE DEclare, que par cy-apres la disposition de la Loy seconde, soubs le titre,* De rescindenda venditione, *au Code, n'aura plus lieu en contracts de transactions.*

EMANVEL PHILIBERT, par la grace de Dieu, Duc de Sauoye, Chablais, Aouste, & Geneuois : Prince & Vicaire perpetuel du sacré Empire Romain : Marquis en Italie: Prince de Piedmont, Comte de Geneue, Bauge, Romont, Nice, & Ast : Baron de Vaux, Gex, & Faucigny : Seigneur de Bresse, Verceil, du Marquisat de Ceue, Creuecœur, le Marroz, Oneilliay, &c. A tous coux qui ces presentes verront, Salut. Comme nous auons tousiours cogneu, que l'vne des choses plus necessaires, pour le bien & repos d'vn Estat bien ordonné, soit de coupper le plus qu'il est possible tout chemin aux procez & differents qui peuuent suruenir entre les subiects. Et que nostre intention aye tousiours esté d'y pouruoir tellement par nos reiglemens & ordonnances, que le moins se faire se pourra, l'on voye les peuples, que Dieu a submis à nostre obeyssance, se consommer en telles plaidoyeries. Ce neantmoins nous auons entendu, que plusieurs qui ne font profit que de la misere d'autruy, ont non-seulement trouué moyens exquis, pour induire nos ſubiects à ſe conſommer en procez, mais ont taſché par leurs ſubtilitez, d'aneantir le remede tant bien inuenté par le droict ancien & loix Imperiales, pour troncquer telles diſſenſions, par voye de tranſactions & accords, y ayant appliqué le plus ſouuent, afin de les reſcinder, le remede de la Loy ſeconde ſoubs titre, *De reſcindenda venditione*, au Code. Encores que bonne partie des Docteurs & interpretes auroyent ſouſtenu & laiſſé par eſcript, que telle loy ne doit auoir lieu és tranſactions. Ce qu'ayans entendu, à noſtre grand deſplaiſir, & voulans leuer tout moyen à nos ſubiects de ſe departir, ſoubs couleur de telle loy, de ce qu'aura eſté vne fois conuenu & accordé ſur les differens meus entre ceux qui auront tranſigé. Auons par ce preſent noſtre Edict perpetuel & irreuocable, de noſtre certaine ſcience, pleine puiſſance & authorité ſouueraine,& par l'aduis des gens de noſtre conſeil d'Eſtat, ſtatué & ordonné,ſtatuons & ordonnons, voulons & nous plaiſt, que par cy- apres la diſpoſition de ladite loy ſeconde n'aye plus lieu en contracts de tranſactions, leſquelles nous ne voulons eſtre reſcindees par lezion d'outre moitié de iuſte prix, encores qu'elle ſoit enorme ou enormiſſime, & à quel prix que telle lezion ſe pourroit monter. Ains voulons & nous plaiſt,iceux contracts de tranſactions (pourueu qu'ils ſoyent paſſez & faicts entre maieurs de vingtcinq ans, & que ſur iceux l'authorité & decret du Iuge, ou Magiſtrat du lieu,y aye eſté miſe & interpoſee) demeurent en leur entiere force & vigueur, nonobſtant ladite lezion. Declarons neantmoins, que par autres moyens, comme de dol *ex propoſito*, de force & violence, ou autres tels contracts pourront eſtre impugnez à la forme du droict, ſuyuant la diſpoſition duquel, ſera loiſible aux parties ſe pouruoir par toutes autres voyes, que de lezion ſuſdite, & de ladite loy ſeconde, à laquelle auons expreſſement derogé, & derogeons par ces preſentes pour ce eſgard tant ſeulement, la laiſſant au ſurplus pour tous autres contracts, que de tranſactions,en ſa force & vigueur.

Si donnons en mandement à nos treſ-chers, bien amez & feaux Conſeillers, les gens tenans noſtre Senat en Sauoye, & à tous nos autres Iuſticiers & Officiers, ſi comme à chaſcun d'eux appartiendra

appartiendra, que nostre present Edict ils facent lire, publier & enregistrer, entretenir, garder & obseruer, selon sa forme & teneur. Car tel est nostre plaisir, nonobstant tous vs, stils, rigueur de droict & autres choses à ce contraires, ausquelles entant que de besoin, auons derogé & derogeons. En foy dequoy auons signé ce present Edict de nostre main, & fait apposer nostre seel à iceluy. Donné à Thurin, le vingt-deuxiesme iour d'Octobre 1577. E. PHILIBERT.

V. Ottauio Ozasco. *Pobel.*

*Leu, publié & enregistré, ce requerant le Procureur General, declarant toutesfois le Senat, que lesdicts contracts de transactions, seront insinuez deuant les Iuges Ducaux, & non autres. Et ceux qui se passeront riere le ressort du Conseil des Geneuois, les insinuations se feront par deuant ledict Conseil. Et en outre, que lesdites insinuations ne se feront, & que l'authorité iudiciaire sur iceux ne sera interposee, que trente iours apres la prononciation desdits contracts de transactions, ledict iour non compris, afin que les parties puissent plus meurement considerer leurs affaires. A Chambery, en l'Audience dudit Senat, le mardy vingt-sixiesme Nouembre, mil cinq cens septante sept. Dacquin.*

---

## *EDICT DE L'ELECTION DE L'ORDRE DES Cheualiers de Sainct Maurice & Lazare.*

EMANVEL PHILIBERT, par la grace de Dieu, Duc de Sauoye, Chablais, Aouste, & Geneuois: Prince & Vicaire perpetuel du sainct Empire Romain: Marquis en Italie: Prince de Piedmont: Comte de Geneue, Bauge, Romont, Nyce, & Ast, Baron de Vaux, Gex, & Faucigny: Seigneur de Bresse, Verceil, & du Marquisat de Ceue. De toutes les milities des Saincts Lazare & Maurice, Beth-lehem & Nazareth, Hierosolimitains de l'ordre S. Augustin, & des conuens & hospitaux, maisons, commandes, & de tous les lieux pies de l'ordre

& milities susdites deçà & delà les Monts, & par tout le monde humble & general grand maistre, &c. Considerans en nousmesmes les inestimables & infinis benefices, que receuons continuellement de la benigne & liberale main de nostre Seigneur Dieu, & parce estimans que auec nos propres actions ne pourrions, ny tout le monde mesmes demonstrer suffisamment la grandeur du deuoir que sommes tenus recognoistre enuers sa Majesté Diuine. Auons pensé s'en approcher à tout le moins le plus prez du poinct, que nos freres se pourront estendre, & procurer par tous moyens à nous possibles, que son sainct Nom soit de tous nos fidelles & bien-amez vassaux & subiects vniuersellement loué, reueré & sanctifié. Ce que desirans faire de façon, que nostre humble & deuot seruice soit aggreable & satisfactoire à sa Diuine Majesté. Nous auons principalement vsé de toute sollicitude, qu'en nos Estats soit maintenue & conseruee nostre ancienne foy catholique en l'obeyssance de la saincte Eglise Apostolique Romaine, & en apres pour induire de plus en plus non seulement nosdits subiects & vassaux, mais pour inuiter encores les autres à vne deuote & honorable compagnie d'œuures Chrestiennes & religieuses, & conuenables à la profession de cheualerie, à l'exaltation de nostredite saincte foy catholique, & de nostre saincte mere Eglise, auons deliberé d'instituer en honneur & gloire de Dieu, & de la tres-saincte Vierge Marie, & de toute la cour celestielle, vn ordre de militie religieuse, ou soit religion militaire, auquel puissions receuoir vn notable nombre de cheualiers gentils-hommes, & autres d'honneste condition, & non seulement de nos Estats, mais encores des estrangers, lesquels fussent dediez à seruir Dieu, & promptes aux occasions auec les armes en main contre ses ennemis & de saincte Eglise, & à vser charité enuers les pauures necessiteux, & à maintenir les bons & fidelles catholiques, ce que finalement auec l'aide de Dieu, de qui deriuent toutes bonnes & sainctes inspirations & louables œuures, a esté par nous mis en execution, non point de vray si tost que nous desirons, & neantmoins nonobstant plusieurs & fortes grandes despences qu'il nous conuient ordinairement supporter, l'auons erigé & fondé

fondé de nouueau en le doüant assez largement des reuenus de nostre propre patrimoine. Ce qu'ayant exposé à nostre saint Pere le Pape Gregoire treziesme, & nous rapportant du tout à son bon plaisir, ne s'est pas tant seulement contenté d'approuuer & confirmer auec son authorité Apostolique ledit ordre, qui est de saint Maurice martyr, Ancien protecteur de nostre maison & Pays de Sauoye mais d'auantage, pour plus grand accroissement de grace & decoration, luy a benignement vny & incorporé vn autre tres ancien ordre d'vne fort digne et sacree militie appellee de sainct Lazare, semee et respandue dés plusieurs centenies d'annees vniuersellement par toute la Chrestienté, nous octroyant et à nos successeurs de nostre sang Ducs de Sauoye, la grande maistrise hereditaire de l'vn et de l'autre ordre qui s'appellera d'ici en auant la militie des saincts Lazare et Maurice, soubs la reigle de sainct Augustin, comme plus à plein et distinctement appert par les Bulles de sadite sainctetė en datte du seiziesme Septembre, et douziesme Nouembre derniers. Or afin que plus aysement l'on puisse iouyr de l'effect pretendu de ladite institution et instauration de l'ordre susdit, l'auon disposé et establi soigneusement auec nouueaux statuts, lesquels se publieront au premier chappitre general. Auquel aussi selon l'experience des choses et aduis dudit chappitre, se pourront reformer en tout ou en partie, adioustant et diminuant ce que sera plus expedient pour le benefice de ladite Religion, conforme à nostre bon vouloir et intention sus declaree, et entre autres considerations l'on a eu expressement esgard de l'accommoder auec diuerse distinction de degrez et offices, à l'exercice et addresse d'œuures Chrestiennes et cheualereuses, comme d'vne eschole militaire et Religieuse de la Noblesse de nos Estats, et aussi de l'estrangere, en recognoissance, auantage et remuneration de ceux qu'en ce nostre ordre se deporteront vertueusement : mais pour autant que ceste nostre intention seroit de peu de fruict, si lesdites fondation, vnion et dotation ainsi faites et approuuees, et comme nous esperons aggreables à la clemence et Majesté Diuine, et de non leger profit au monde, ne venoit à la notice principalement de nos bien-amez et feaux vassaux et subiects, à la conseruation, vtilité et honneur desquels tendent nos pensees en ce faict specialement auons bien voulu par le moyen de ces presentes lettres le signifier à tous, à celle fin qu'vn chascun en son endroit et qualité puisse deuenir participant de bonnes, sainctes et honnorables œuures, et non moins des fruicts et des commoditez que l'on pourra veoir reüssir en ceux qui entreront en nostredite Religion et militie, receuans (comme nous croyons) non petite satisfaction esdits exercices spirituels et cheualereux, des honneurs, dignitez et priuileges desquels tant de nostre sainct Pere le Pape, et de nous, voire et auec la faueur des Roys, Princes et Potentats de la Chrestienté, nous auons procuré et ne cesserons de procurer, que soit ornee et amplifiee ceste saincte Religion des saincts Lazare et Maurice. Seront doncques aduertis tous ceux qui pour soy, leurs enfans ou parens aspireront d'y estre receus, de nous faire entendre leur desir, soit en personne propre, ou par autre tel moyen qu'ils esliront, afin que suyuant nostre volonté et coustume de gratifier nos loyaux vassaux, & bons subiects, & toute autre personne de quelque pays que ce soit, entant que pourrons, soyent par nous satisfaicts de prouision conuenable. Donnons de plus ce recours à ceux, qui seront plus soigneux d'estre des premiers à se faire descrire & habiter pour entrer en ceste Religion, selon la forme que leur sera baillee par le Reuerend Conte Charles Cigongne grand Chancelier d'icelle Religion pour deuoir faire les preuues de leur Noblesse, lesquelles sont requises pour les cheualiers estre faites de quatre quartiers. Assçauoir des peres & meres ayeuls & ayeulles, qu'ils iouyront d'autant plustost de leur antiquité & des commoditez qui s'en doiuent ensuiure.

Si mandons & commandons à nos tres-chers, bien amez & feaux, les gens tenans nostre Senat en Sauoye, qu'en pleine Audience facent publier ces presentes lettres, & de mesmes par tous les lieux accoustumez de nostre Ville de Chambery, & autres de nos Bailliages & iudicatures, mandant les copies aux ordinaires desdits lieux, tant mediaux, qu'immediaux pour en vser de mesmes, voulans qu'aux authentiques ou copies imprimees

mees par ordonnance dudit Senat, soit donné autant de foy que à ce present original, lequel à cest effect auons signé de nostre propre main, & y fait apposer nostre seel de ladite Religion. Donné à Thurin, le vingt-deuxiesme iour de Ianuier, l'an de grace, mil cinq cens septante trois, & de nostre Duché le vingt-tiesme, & de la grand maistrise, le premier. E.PHILIBERT.

V. Cigongne. Rippa.

*Leues, publiees & enregistrees, ce requerant le Procureur General. A Chambery, au Senat, seant en Audience le 27. Ianuier, mil cinq cens septante-trois, & seront semblablement publiees par tous les sieges de ce ressort.* *Trollioux.*

---

*SOMMAIRE CONCERNANT LA RELIGION de Messieurs saincte Lazare & Maurice.*

EN l'ordre des Saincts Maurice & Lazare, soubs la reigle de sainct Augustin, ou soit de Cisteaux, sont premierement les cheualiers Nobles, les cheualiers Prestres, & les cheualiers seruans en armes, lesquels entrans en ladite Religion, conforme aux statuts & establissemens d'icelle, doiuent esperer d'auoir des Commanderies selon leur ancienneté, & aussi en pourront obtenir des autres par grace speciale du grand Maistre, iouyssans de tous les priuileges & dignitez de ceux de Malte & d'auantage. Et outre ce pourront prendre femmes, ainsi que plus à plein l'on pourra voir par lesdits statuts & priuileges, lesquels se publieront au Chappitre general. Et pour entrer en ladite Religion & Ordre, les cheualiers Nobles doiuent faire preuue des choses suiuantes.

Premierement qu'ils soyent Nobles de Pere & Mere, & des Ayeuls & Ayeules, paternels & maternels, & ayent sur ce des tesmoins ou escritures authentiques, ou du moins estimé & tenus pour tels par publique voix & renommee, le tout suiuant les instructions des Commissaires à ce deputez.

Qu'ils ne soyent issus de Marranes, Iuifs, ne emprins de crime me de leze-Majesté Diuine, ne humaine.

Qu'ils soyent nez de legitime Mariage.

Qu'ils soyent d'aage de dix sept ans. Et sur l'aage soit reserué au grand Maistre d'en pouuoir dispenser, iusques à quatorze ans, quant à l'habit, non pas quant à l'ancienneté, proposé que sera le party, & obtenu en plein conseil complet.

Qu'ils ayent la disposition du corps habile à supporter les peines & trauaux de la guerre.

Qu'ils portent leurs armes auec couleurs, pour les mettre en vn lieu à ce deputé dans le Conuent.

Auront à payer pour le passage, ou soit reception, cent & cinquante escus d'or, & les seruans la moitié, faisant preuue de toutes les autres choses, horsmis qu'ils ne sont adstraincts de prouuer leur Noblesse, laquelle si elle se trouue és cheualiers, Prestres ensemblement, auec les autres qualitez, ils en seront d'autant plus honorez.

Et apres les choses susdites, venans à prendre l'habit du Serenissime grand Maistre, ou de son Lieutenant, ils feront le vœu & serment de la teneur suiuante.

*Ego N. ero fidelis & obediens Serenissimo D.D. Emmanueli Philiberto, Dei gratia Sabaudiæ Duci, Principi Pedemontium, magno Magistro Sanctorum Maurici; & Lazari, & successoribus suis, ac eiusdem Religionis Officialibus quibuscumque. Habitum, & Crucem dicti Ordinis mihi conferendum, toto tempore vitæ meæ gestabo. Ad Capitulum per Superiores celebrandum, personaliter me conferam, vbi & quotiens opus fuerit. Singulis diebus Psalterium abreuiatum mihi traditum, ad gloriam Redemptoris nostri, eiusdémque Matris Virginis Mariæ, quanta maxima potero deuotione recitabo. Sexta feria vel Sabbato ieiunabo. Castitatem saltem coniugalem, charitatem, & hospitalitatem erga leprosos, aliáque statuta, ritus, stabilimenta & ordinationes dictæ Religionis edita & addenda ad vnguem obseruabo. Bona quæcumque ad Commendas per me pro tempore obtinendas, tam de Iurepatronatus, quàm alias quouismodo fuerint, non alienabo, impignorabo, aut ad longum tempus locabo, vel in emphyteosin dabo, sine expressa licentia Serenissimi magni*

*gni*

*gni Magistri pro tempore existentis & Conuentus. Sic me Deus adiuuet, & hæc sancta Dei Euangelia.*

Et luy sera assigné lieu dans le hautberge, & de plus ordonné ce qu'ils auront à faire pour le seruice de Dieu, de la Religion & de leur Prince grand Maistre. Et pour obtenir eternelle & temporelle retribution en lieu & temps.

*Leus, publiez & enregistreZ, ce requerant le Procureur General. A Chambery, au Senat, le dix-septiesme Feburier, mil cinq cens septante trois.* *Trollioux*

*ARREST CONTENANT TAXE ET REIGLEment des emolumens, sur les emologations des transactions, accords, & amiables compositions.*

SVr la remonstrance faite par le Procureur General, de Monseigneur, tendant à fin qu'il soit mis taux & reiglement sur les esmolumens des emologations des transactions, arbitrages, accords & amiables compositions; qui se font sur procez intentez, tant par deuant le Senat, qu'autres Iuges inferieurs, ou autrement, pour euiter & obuier à plusieurs foules & surcharges, qui se pourroyent faire sur les subiects de Mon seigneur, occasion des excessifs emolumens.

LE Senat a ordonné & ordonne, que par maniere de prouision, & iusques à ce qu'autrement y soit pourueu, le taux & reiglement cy-apres declaré, sera obserué, gardé & entretenu, tant par les Greffiers dudit Senat, qu'autres de ce ressort, Ausquels sont faites inhibitions & defences de contreuenir & outrepasser ledit taux; à peine de cinq cens liures, & autre plus grande, à l'arbitrage dudit Senat.

A cest effect, a dit & declaré en premier lieu, que tous Archeuesques, Euesques, Abbés, Preuosts, & Eglises Cathedrales, Marquis, Contes, & Vicontes payeront l'emolument des emologations

logations desdites transactions, arbitrages, accords & amiables compositions des procez, meus & intentez, tant par deuant ledit Senat qu'autres Iuges. Assauoir pour le seel, registre, escripture & signature, quatre escus d'or pistolets. Lesquels actes lesdits Greffiers expedieront sans espoir d'autre emolument.

Semblablement tous Prieurs, Chappitres, Barons, Bannerets, & Communautez payeront pour lesdits emolumens trois escus d'or semblables.

De mesme, tous Doyens, Archidiacres & autres ayans dignité & prelature en l'Eglise, gentils-hommes n'ayans iurisdictions, Citoyens & Bourgeois de bon pouuoir & faculté, deux escus d'or. Les autres de moyenne faculté, vn escu, & ceux qui seront moindres en biens, deux tiers d'escu, & finalement les mediocres, demy escu d'or. Declarant neantmoins ledit Senat, que soubs le present reiglement, ne seront comprises les transactions, arbitrages, accords & amiables compositions, que seront passees & prononcees, des procez ouuerts, veus ou visitez par ledit Senat pour les iuger. Les emologations desquels actes seront emolumentez, tout ainsi comme s'il y auoit Arrest, sentence & iugement prononcez. Si a dit & ordonné, que le present Arrest & declaration sera publié par le ressort à voix de crie. Et enioinct à tous Iuges & Magistrats d'y tenir main à ce que le contenu du present Arrest & reiglement soit entierement obserué & entretenu, à peine de suspension de leurs Estats & autre arbitraire. Faict à Chambery, audit Senat, leu & prononcé en Audience publique, le sabmedy seiziesme May, mil cinq cens septante neuf.

*Poncet.*

FIN.

# TABLE DES ARRESTS DV Souuerain Senat de Sauoye.



f

Les

FIN.

www.ingramcontent.com/pod-product-compliance
Ingram Content Group UK Ltd.
Pitfield, Milton Keynes, MK11 3LW, UK
UKHW012258240726
13966UKWH00004B/1468

9 782011 902627